O LIVRO de FEITIÇOS para NOVAS BRUXAS

Ambrosia Hawthorn

O LIVRO de FEITIÇOS para NOVAS BRUXAS

ACESSE A MAGIA QUE HÁ DENTRO DE VOCÊ E TRANSFORME SUA VIDA

ILUSTRADO POR Travis Stewart

SEXTANTE

Título original: *The Spell Book for New Witches*

Publicado originalmente em inglês pela Rockridge Press,
um selo da Callisto Media, Inc.

Tradução: Fernanda Abreu

Preparo de originais: Lara Berruezo

Revisão: Anna Beatriz Seilhe e Fernanda Machtyngier

Indexação: Anna Beatriz Seilhe

Projeto gráfico de capa e miolo: Emma Hall

Adaptação de capa e diagramação: Ana Paula Daudt Brandão

Impressão e acabamento: Geográfica e Editora Ltda.

CIP-BRASIL. CATALOGAÇÃO NA PUBLICAÇÃO
SINDICATO NACIONAL DOS EDITORES DE LIVROS, RJ

H326L
Hawthorn, Ambrosia
O livro de feitiços para novas bruxas / Ambrosia Hawthorn ; ilustração Travis Stewart ; [tradução Fernanda Abreu]. - 1. ed. - Rio de Janeiro : Sextante, 2022.
240 p. : il. ; 23 cm.

Tradução de: The spell book for new witches
Inclui bibliografia e índice
ISBN 978-65-5564-296-4

1. Feitiçaria. 2. Magia. I. Stewart, Travis. II. Abreu, Fernanda. III. Título.

21-75214 CDD: 133.43
CDU: 133.4

Camila Donis Hartmann - Bibliotecária - CRB-7/6472

Rua Voluntários da Pátria, 45 – 14º andar – Botafogo
22270-000 – Rio de Janeiro – RJ
Tel.: (21) 2538-4100
E-mail: atendimento@sextante.com.br
www.sextante.com.br

PARA MINHAS IRMÃS BRUXAS, QUE BUSCAM A MAGIA
PARA GERAR MUDANÇAS EM SUAS VIDAS.

Sumário

INTRODUÇÃO 10

PARTE 1 Magia na prática 12

CAPÍTULO 1 Entendendo a arte dos feitiços 14

CAPÍTULO 2 Preparando-se para fazer um feitiço 24

PARTE 2 Os feitiços 48

CAPÍTULO 3 Amor romântico 50

Poção de rosas para atração 52
Banho do autoamor 53
Feitiço para esquecer um amor 54
Sigilo de amor pessoal 55
Feitiço de nó para restaurar o amor 56
Feitiço para queimar uma dor de amor 57
Talismã para curar um coração partido 58
Encantamento de fidelidade para alianças 59
Óleo Vem-para-mim 60
Poção de citrino para visualização 61
Runa atada dos amantes 62
Sachê dos namorados 63
Feitiço da bruma de pétalas de rosa 65
Incenso do desejo 66
Tônico dos amantes 67
Feitiço trançado da harmonia 68
Feitiço com vela de sete dias para o amor 69
Amuleto contra atenção indesejada 71
Mandala de cristais para o amor 73
Garrafa encantada para atrair romance 75
Bonecos de relacionamento 77
Perscrutação para o amor 79
Feitiço com espelho contra ciúme 80

CAPÍTULO 4 Dinheiro e prosperidade 82

Pó do dinheiro 84
Sigilo da riqueza 85
Óleo Cresce-dinheiro 86
Feitiço para cultivar a riqueza 87
Nó encantado do dinheiro 88
Talismã da prosperidade 89
Feitiço para afastar dificuldades 90
Água de lua da renda 91
Arroz de materialização da riqueza 92
Feitiço de materialização do chá do luxo 93
Banho ritual do dinheiro com leite e mel 94
Maçã encantada da fortuna 95
Água purificadora para dívidas 96
Enfeite de parede da prosperidade 97
Feitiço do envelope de dinheiro 99
Garrafa encantada do dinheiro 101
Mandala de cristais para materializar dinheiro 103
Sabonete de aveia da prosperidade 104
Feitiço com vela de nove dias para dinheiro 106

CAPÍTULO 5 Trabalho e carreira 108

Sachê encantado da autoconfiança 110
Pó da concórdia 111
Perscrutação para a realização 112
Óleo encantado da renúncia 113
Feitiço de sonho da promoção 114
Feitiço da paz no trabalho 115
Feitiço para comunicação entre colegas de trabalho 116
Feitiço energizante 117
Feitiço para a memória 119
Óleo antiprocrastinação 120
Feitiço com vela do sigilo da criatividade 121
Boneco-amuleto da oportunidade 122
Feitiço para aumentar a produtividade 124
Amuleto da boa impressão 126
Feitiço para abrir caminho 128
Feitiço da responsabilidade 129
Garrafa encantada da motivação 130

CAPÍTULO 6 Amigos e família 132

Purificação da casa nova 134
Sachê dos bons sonhos 136
Feitiço para dispersar bate-bocas 137
Feitiço com espelho contra negatividade 138
Feitiço da compreensão 139
Feitiço para deter más intenções 140
Feitiço para fortalecer amizades 141
Feitiço com pedra de palma do respeito 142
Feitiço de amizade da lua nova 143
Feitiço com nó para reatar amizade 144
Banquete do vínculo da bênção 145
Óleo para atrair simpatia 146
Feitiço da torre da confiança 147
Talismã da aceitação 149
Talismã para atrair novos amigos 150
Feitiço trançado da união 152
Feitiço para resolver uma desavença 154
Feitiço para encontrar um objeto perdido 156

CAPÍTULO 7 Saúde 158

Feitiço com vela de sete dias para a saúde 160
Água de cura da lua cheia 161
Feitiço de luz da purificação 162
Banho ritual de cura 163
Feitiço restaurador da chama 164
Sachê para curar doenças durante o sono 165
Talismã de cura da lua 166
Manteiga corporal da vitalidade 167
Óleo expectorante de eucalipto 168
Feitiço de aterramento contra a ansiedade 169
Poção do *reset* 170
Mandala de cristais para curar a dor 171
Feitiço de cura com boneco 173
Feitiço de cura com espelho 175
Feitiço de cura à distância 177
Sigilo de cura sob medida 179
Bolsinha de energia curativa 180

CAPÍTULO 8 Proteção e perdão 182

Lavagem protetora para a casa 184
Sal de proteção dos limites 185
Amuleto de proteção 186
Sigilo de proteção 187
Feitiço de proteção do ferro 188

Banho ritual do perdão 189
Amuleto da bênção da viagem 190
Vaporizadores de chuveiro do perdão 191
Banho de chuveiro purificador do perdão 192
Bruma protetora 193
Escudo de proteção psíquica 194
Óleo de unção da bruxa guerreira 195
Mandala de cristais para proteção 196
Como fortalecer o seu escudo 197
Ritual do perdão com tarô 198
Proteção e bênção para o carro 200
Garrafa encantada de proteção 202
Enfeite de parede para defesa 204

CAPÍTULO 9 Bem-estar, sucesso e abundância 206

Feitiço do chá da clareza 208
Feitiço de bem-estar com espelho 209
Incenso da positividade 210
Amuleto da sorte 211
Bálsamo da abundância 212
Talismã da autoestima 213
Feitiço de conforto corporal 214
Perscrutação para a ambição interior 215
Sigilo do sucesso 216
Feitiço da sorte 217
Chá de hortelã da abundância 218
Feitiço com raiz da abundância 219
Óleo do bem-estar 220
Feitiço trançado do sucesso 221
Feitiço de oferenda do sucesso 222
Feitiço do plantio da felicidade 224
Cookies de runas do sucesso 226
Feitiço do cobertor da segurança 227
Escada da bruxa do sucesso e da abundância 228

REFERÊNCIAS 230
AGRADECIMENTOS 232
ÍNDICE REMISSIVO 233
SOBRE A AUTORA 240

Introdução

Bem-vinda a *O livro de feitiços para novas bruxas*. Meu nome é Ambrosia, bruxa solitária e editora da *Witchology Magazine*, publicação mensal para bruxas modernas. Pratico bruxaria há quinze anos. Estou aqui para compartilhar minha história, meu conhecimento e minha arte de modo que você consiga acessar a magia e o poder que já existem dentro de você.

Isso mesmo: todos temos a magia dentro de nós. Mas você não vai entrar em Hogwarts, nem mexer o nariz para lançar feitiços, nem voar numa vassoura. Este livro vai lhe ensinar habilidades práticas, conectá-la com o mundo natural e ajudá-la a descobrir sua bruxa interior. Desmistificarei conceitos sobre feitiços e bruxaria e ensinarei você a criar e materializar o que deseja e aquilo de que precisa para mudar sua vida para melhor.

Minha jornada na bruxaria começou aos 13 anos. Jovem, eu sei, mas o funcionamento do universo é um mistério. Minha história pode ser igual à sua, mas pode ser completamente diferente também. Existem muitos caminhos para a bruxaria, e o meu se revelou para mim no momento certo da vida, assim como vai acontecer com o seu.

Fui levada aos feitiços por motivos variados. Queria aumentar minha autoestima na escola, ganhar dinheiro para ajudar minha família, me proteger do bullying, criar poções de amor para meus *crushes* e trazer sorte para mim mesma. Quando tinha 7 anos e ainda não sabia nada sobre bruxaria ou feitiços, eu passava todos os intervalos das aulas e os horários de recreio procurando trevos-de-quatro-folhas. Sabia que eram amuletos de boa sorte e que eu precisava de um. Depois de semanas procurando, finalmente encontrei. Minha mãe me ajudou a prendê-lo em um chaveiro, e eu o levava comigo aonde fosse e pedia sorte quando precisava. Agora sei que esse chaveiro foi meu primeiríssimo amuleto mágico. Conto essa história para mostrar por que os feitiços conseguem ser tão especiais; eles podem ter praticamente qualquer origem e ser tão simples ou tão complexos quanto você desejar.

Se você é como eu, também sente atração pela magia por causa das oportunidades e mudanças que ela lhe permite criar para si. Não é necessário olho de salamandra nem ovo de águia para os feitiços contidos neste livro. Tudo de que você precisa é estar presente e desejar aprender a prática. Independentemente do momento da sua jornada, você encontrou este livro no tempo certo. Mergulhemos então no mundo maravilhoso dos feitiços e da magia.

PARTE I

Magia na prática

Magia é mais do que fabricar poções, acender velas e costurar bonecos. A magia está entranhada no mundo que nos rodeia, e construir fundamentos sólidos enraizados na história é fundamental para ter sucesso na arte de preparar feitiços. Nesta parte, abordarei os conceitos básicos da prática da magia: entender o que são feitiços e os preparativos necessários.

A única coisa de que você precisa para começar a trilhar o caminho da magia é você mesma. Seu poder está escondido aí dentro, só esperando para ser usado, e praticar a magia lhe dará a capacidade de curar e modificar a si mesma e o mundo.

Minha esperança é conseguir ajudá-la a se tornar a melhor bruxa que você puder ser com as informações essenciais contidas nestas páginas. Vamos aprender o que significa praticar a bruxaria.

CAPÍTULO 1

ENTENDENDO A ARTE DOS FEITIÇOS

Para começar a preparar feitiços, precisamos entender todos os detalhes dessa arte. Vamos explorar a terminologia, aprender as diferenças entre bruxaria e wicca e abordar mal-entendidos comuns, conceitos essenciais e questões éticas. A partir dessas bases fundamentais, você estará pronta para começar a gerar as mudanças que deseja na sua vida.

O que são feitiços?

Feitiços são o lado prático da magia. Eles atuam usando a manipulação de energia para alcançar uma intenção ou propósito específicos. São abastecidos pelas emoções e funcionam em conjunto com o seu poder pessoal ou com a energia do mundo à sua volta. Para entender o que torna um feitiço eficaz, precisamos primeiro falar um pouco sobre magia, poder e manipulação de energia.

Magia é a energia que percorre todas as coisas da natureza. É uma energia neutra, nem boa nem ruim. Poder é a arte prática de canalizar a magia para conseguir usá-la. Quando você começa a movimentá-la e canalizá-la, está em certo sentido aumentando o seu poder pessoal. É com essa manipulação que você pode influenciar ou controlar a energia ao seu redor.

Todos nós somos feitos de moléculas, e os elos entre elas contêm energia em potencial. A ideia de que podemos usá-la e canalizá-la não é tão fora do comum assim. Alguma vez já "sentiu" a mão de alguém suspensa a poucos centímetros das suas costas (mesmo que na verdade a pessoa não estivesse tocando em você)? Já sentiu um formigamento, ou mesmo um calor? Essas são sensações da energia sendo direcionada para você.

Preparar feitiços é apenas uma das muitas formas de manipular energia. Cristais, pedras, ervas, conchas, metal e madeira são usados há tempos como ferramentas para isso. E terapias que aliam corpo e mente muito apreciadas, como tai chi, reiki, meditação, ioga, acupuntura e até mesmo massagem, manipulam energia para curar os corpos físico, espiritual e emocional. O uso de feitiços não é tão exótico quanto se poderia pensar!

É importante notar que os feitiços não são um elixir cura-tudo. Eles não têm a capacidade de consertar instantaneamente todos os problemas que você poderia querer que consertassem; para darem certo, requerem energia, tempo, esforço, foco e fé. É um equívoco comum pensar que se pode usar um feitiço para fazer alguém se apaixonar por você ou para impor aos outros sua magia. Não é possível tirar o livre-arbítrio alheio usando magia.

Você também precisa entender que a magia é poderosa, e que junto com poder vem responsabilidade. Ao preparar feitiços, sua responsabilidade é não fazer o mal e respeitar as leis da natureza. Despertar poder e fazer feitiços são manipulações de energia temporárias, não permanentes.

Quem pode preparar feitiços?

Qualquer um que deseje gerar mudanças positivas na própria vida pode fazer feitiços. Qualquer um com interesse suficiente para escolher este livro já está no caminho certo para começar a prepará-los. Eles podem ajudar quem estiver em busca de clareza ou de propósito em sua jornada de vida. Feitiços são frequentemente feitos por pagãos, pessoas que seguem um caminho religioso ou espiritual baseado no respeito à natureza. Muitos dos que fazem feitiços escolhem um caminho neopagão ou a tradição da bruxaria, que abarca práticas modernas ou híbridas como as bruxarias elemental, secular, *hedge*, eclética ou tradicional. Cada uma dessas categorias pode ser adaptada sob medida para você de modo a criar o caminho perfeito.

BRUXA ELEMENTAL

Essa bruxa utiliza em sua prática os quatro elementos (terra, ar, fogo e água). Ela pode escolher usar todos ou apenas um. Alguns tipos de bruxa que usam intensamente os elementos em sua prática são as bruxas verdes, as bruxas do mar e as bruxas da cozinha. As bruxas verdes constroem sua prática em torno do elemento terra e usam ervas, cristais e madeira. As bruxas do mar usam o elemento água e utilizam o oceano, a magia de clima, conchas, madeiras de naufrágio, algas marinhas e areia. As bruxas da cozinha, às vezes chamadas de bruxas da lareira ou bruxas de chalé, usam o elemento fogo para cozinhar, assar, preparar e fabricar objetos mágicos.

BRUXA SECULAR (OU BRUXA NÃO RELIGIOSA)

As bruxas seculares não invocam divindades. Muitas vezes trabalham com simbolismos, metáforas ou arquétipos. O caminho secular vem ganhando mais popularidade, e muitas bruxas do tipo combinam sua prática com outros tipos de bruxaria.

BRUXA *HEDGE*

A definição dessa bruxa é um pouco mais difícil. Também conhecidas como "cavaleiras da fronteira", ela cruza o limite rumo ao desconhecido ou a outros mundos. Em geral, usa ervas para formular poções, bálsamos e beberagens. A prática de uma bruxa *hedge* muitas vezes tem a ver com o xamanismo e com a tradição nórdica antiga do *seidh* e envolve projeções astrais, sonhos lúcidos, trabalhos com transe e comunicação com espíritos.

BRUXA ECLÉTICA

As bruxas ecléticas não se encaixam em uma única categoria. São muitas vezes bruxas solitárias, que não pertencem a nenhuma prática ou grupo definido. Seguem um caminho que mescla tradições modificadas adaptadas sob medida para suas necessidades e habilidades.

BRUXA TRADICIONAL

As bruxas tradicionais formam um grupo maior contendo muitos subgrupos, às vezes vinculados à wicca. Suas raízes muitas vezes remontam a vários séculos. Nessa categoria você com frequência encontrará a magia cerimonial, a magia folclórica, o vodu, cultos à ancestralidade, a magia celta e outros caminhos pagãos. Em alguns desses caminhos é preciso ser iniciado ou seguir regras específicas.

A relação dos feitiços com a bruxaria e a wicca

A esta altura, você já deve ter reparado nas referências ao paganismo, à wicca e à bruxaria e talvez esteja se perguntando o que significam esses termos. Tanto wiccanas quanto bruxas são abarcadas pelo guarda-chuva do paganismo, mas nem todas as bruxas são wiccanas, assim como nem todas as wiccanas são bruxas. Os pagãos seguem um caminho espiritual religioso ou não religioso baseado no respeito pela natureza. A wicca é uma religião que tem como centro a terra e que venera divindades, enquanto a bruxaria é uma prática que pode abranger uma grande diversidade de caminhos, sejam eles religiosos ou não. Você pode escolher um caminho ou criar o seu.

Dito tudo isso, tento não me prender muito a rótulos na minha prática. Definir a sua prática não é obrigatório; na verdade, o que atrai muita gente para as práticas pagãs é a flexibilidade. Não existe certo ou errado. Recomendo tentar um pouco de tudo e ir construindo uma prática que funcione para você.

História dos feitiços

Lançar feitiços sempre foi uma prática popular ao longo da história. A palavra "feitiço" em inglês, *spell*, vem do anglo-saxão *spel*, que significa "dito" ou "história". Nas civilizações antigas, os feitiços se desenvolveram junto com a linguagem. No Egito Antigo, por exemplo, histórias escritas muitas vezes continham feitiços.

Já a palavra "bruxa" em inglês, *witch*, tem a sua origem no teutônico antigo *wik*, que significa "dobrar". Antes do século XIV, a bruxaria e a magia viveram uma era de ouro. A situação mudou em 1486, quando um clérigo católico hoje desacreditado publicou o *Malleus Maleficarum* (ou *Martelo das feiticeiras*), coloquialmente conhecido como manual de caça às bruxas. A popularidade do livro fez crescer um sentimento antibruxas. Em 1542, na Inglaterra, os Atos de Feitiçaria tornaram a bruxaria e os feitiços passíveis de pena de morte.

Em 1692, no julgamento das bruxas de Salém em Massachusetts, nos Estados Unidos, dezenove pessoas foram executadas por supostas práticas de bruxaria.

A perseguição às bruxas perdurou por séculos. Com a virada do século XX, o movimento antibruxas começou a perder fôlego. Nas décadas de 1960 e 1970, houve uma intensificação de práticas pagãs e de grupos dedicados à wicca e à bruxaria na sociedade americana. Em 1986, o Tribunal de Apelações dos Estados Unidos para o Quarto Circuito julgou o caso *Dettmer vs. Landon* e reconheceu a wicca como uma religião oficial.

Apesar da aceitação cada vez maior da bruxaria, muitas bruxas ainda temem ser injustamente perseguidas. Algumas preferem praticar a sua arte em segredo.

Princípios fundamentais

Os princípios fundamentais da bruxaria têm a ver com o modo como usamos energia para materializar mudanças no ambiente. A magia existe ao nosso redor em forma de energia. Com a prática de feitiços, aprendemos a direcionar nossas intenções para manipular energia. No entanto, nossas intenções precisam seguir os princípios fundamentais enumerados aqui.

VENERAR O MEIO AMBIENTE E A NATUREZA

Tudo que existe no mundo natural é sagrado e cheio de energia, e as estações e os elementos fazem parte de muitos rituais e feitiços pagãos. As estações devem ser celebradas e honradas. Elas contam uma história de nascimento, vida, morte e renascimento. Os elementos podem ser invocados para proteção, orientação e energia.

CELEBRAR A FERTILIDADE E A SEXUALIDADE

Celebrar a vida, a luz, a alegria, a paixão e a sensualidade desperta a força vital dentro de todos nós. Abraçar a sua fertilidade e sexualidade pode ser uma ferramenta valiosa para materializar a magia. Muitas bruxas as celebram durante os festivais pagãos – conhecidos como sabás – de Imbolc, Ostara e Beltane (explicados com mais detalhes no Capítulo 2, página 31).

APROVEITAR A INTUIÇÃO E A ENERGIA PESSOAL

Você pode influenciar o ambiente usando a sua energia pessoal. Comece prestando atenção na sua intuição e nos seus palpites. Já sentiu algo bem lá no fundo tentando lhe dizer alguma coisa, em geral dar um aviso? Isso é a sua intuição. Quando você aprender a canalizar essa energia, poderá usá-la como combustível para os seus feitiços.

HONRAR O CARMA E O EQUILÍBRIO NATURAL DA LEI CÓSMICA

O carma estabelece que, para cada ação que você executa no mundo, vai receber de volta a mesma ação. A Lei Tríplice é um antigo preceito pagão usado para alertar as novas bruxas sobre as consequências de usar a magia para prejudicar: se você causar o mal ou praticar a magia para manipular alguém, vai receber o mesmo de volta multiplicado por três. Muitos pagãos vivem segundo essa força cármica.

CONHECER E COMPREENDER A VIDA APÓS A MORTE, OS ESPÍRITOS E A REENCARNAÇÃO

Muitas bruxas acreditam na vida após a morte e consideram o ciclo de nascimento, vida, morte e renascimento uma roda que nunca para de girar. Muitas celebram os fins e começos durante o sabá de Samhain, quando o véu entre os mundos se afina. O Samhain é abordado com mais profundidade no Capítulo 2, página 31.

As forças que movem os feitiços

Os feitiços devem ter como norte o respeito pela natureza e pelo mistério do universo. Quanto mais você conseguir se alinhar com os ritmos naturais da terra, mais poderá sintonizar os mistérios do mundo e mais poderá aprender sobre o desconhecido.

MAGIA *VERSUS* PODER

Magia é a energia natural que flui pelo mundo, enquanto poder é a arte prática de canalizar essa energia. O poder existe dentro de você, aguardando para ser acessado, e a magia pode ser encontrada nos objetos naturais.

Como iniciante na arte dos feitiços, você vai usar principalmente o seu poder pessoal. Só que usar apenas o seu poder pessoal pode ser exaustivo. Os feitiços deste livro usam objetos do mundo natural, como cristais, ervas, óleos, fragrâncias, madeira e itens de origem animal, para trazer energia adicional.

Outro tipo de poder que vem de dentro de você é a capacidade psíquica. Algumas bruxas têm habilidades como precognição, intuição, clarividência, psicometria, mediunidade ou empatia.

PRECOGNIÇÃO é a capacidade de conhecer coisas ou acontecimentos antes de eles acontecerem.

INTUIÇÃO é a capacidade de saber coisas sem que elas tenham sido contadas.

CLARIVIDÊNCIA é a capacidade de revelar o que está escondido e muitas vezes é considerada uma "visão interior".

PSICOMETRIA é a capacidade de ler a energia de um objeto ou de pressentir detalhes relacionados à pessoa a quem o objeto pertencia.

MÉDIUNS recebem mensagens do mundo dos espíritos e podem também canalizar espíritos.

EMPATAS conseguem pressentir os sentimentos e emoções dos outros e frequentemente absorvem energias alheias.

"MAGIA DO BEM" *VERSUS* "MAGIA DO MAL"

A comunidade não mágica muitas vezes classifica a magia como "do bem" ou "do mal". Na comunidade mágica, porém, essa distinção não existe. A magia não é assim tão definida, preto no branco: seus efeitos dependem da energia das intenções de quem lança o feitiço.

Usar a magia para se vingar, alterar o livre-arbítrio de outra pessoa, prejudicá-la ou amaldiçoá-la são exemplos do que alguns podem denominar "magia do mal", ou prática antiética. O uso de magia para curar, empoderar ou revigorar é muitas vezes chamado de "magia do bem". Muitas bruxas se autointitulam "bruxas do bem" para evitar o equívoco muito comum de que todas as bruxas são más ou praticam o mal.

Você pode se sentir tentada a usar o mal na sua magia se estiver diante de uma maldição, de boatos maldosos, de um espírito malevolente ou de um perseguidor. Mas, se fizer isso, poderá se tornar vulnerável às consequências do carma ou da Lei Tríplice, já abordadas. A ética na magia é igual à ética em qualquer outra área da vida, e no fim das contas você será considerada pessoalmente responsável pelos seus atos.

CAPÍTULO 2

PREPARANDO-SE PARA FAZER UM FEITIÇO

Antes de começar a trabalhar com feitiços, você precisa aprender a prepará-los bem. Conhecer os fundamentos vai ajudá-la a construir e manter uma prática gratificante. Entre esses preceitos básicos estão como preparar um feitiço, onde praticar, que instrumentos usar e como acessar seu poder. Você vai aprender também sobre os símbolos mais comuns e as datas, estações e ciclos importantes.

Como fazer um feitiço

Quando você faz um feitiço, está gerando energia nova ou manipulando uma energia que já existe. Os elementos básicos da feitiçaria são a elaboração e a conjuração. "Elaborar" significa escolher um local para executar o feitiço, limpar energias indesejadas, lançar um círculo de proteção, juntar a energia e definir suas intenções. "Conjurar" refere-se a executar o feitiço, fechar o círculo de proteção e observar os resultados. As etapas específicas de elaboração e conjuração variam entre as tradições.

Ao elaborar, primeiro você precisa escolher um local e remover dessa área energias antigas ou negativas indesejadas. Muitas bruxas criam um altar permanente ou designam um espaço sagrado especial para seus feitiços.

Em seguida, crie um círculo de proteção para se resguardar de atenções indesejadas ou influências externas. Há muitos métodos para se criar um círculo. Na bruxaria tradicional é possível invocar um deus ou deusa, e uma bruxa secular provavelmente invocaria algum objeto especial infundido de energia natural ou criaria uma parede com a própria energia (objetos simbólicos são discutidos mais a fundo nas páginas 35 a 39).

Uma vez dentro do seu círculo de proteção, você vai recorrer a uma ou mais de uma fonte de energia para abastecer seu feitiço. Essa energia pode vir de um deus ou deusa, de um objeto natural, como um cristal ou talismã, ou de você mesma.

Uma vez concluído o ritual, recolha a energia do feitiço de modo a fechar o círculo de proteção, utilizando o mesmo método que você empregou para criá-lo.

Onde praticar os feitiços

Bruxas praticam em todo lugar. Você pode escolher um cômodo específico ou usar locais diferentes, dependendo dos feitiços. Se estiver praticando escondido, talvez a única alternativa seja o seu quarto, e não há problema algum nisso.

Muitos feitiços podem ser preparados dentro de casa. Você pode elaborar a maioria dos que consistem em poções, chás e preparações no fogão, enquanto os banhos provavelmente serão feitos no seu banheiro. É possível também praticar nas áreas externas os feitiços que usem a lua, a astrologia, as estações do ano, a natureza ou a meteorologia. Tente encontrar um espaço ao ar livre tranquilo e discreto, onde não haja distrações nem interrupções (se você tiver um quintal em casa, é o lugar perfeito).

Independentemente de onde você vai praticar os feitiços, sua primeira prioridade deve ser a segurança. Quando estiver trabalhando com a magia do fogo, por exemplo, seja onde for, é importante usar sempre instrumentos que resistam ao calor e ter um extintor por perto. Acima de tudo, pratique sua arte em um lugar que lhe deixe confortável e segura.

Como criar um altar

Um altar é uma mesa ou estante que serve de espaço de trabalho para preparar poções, cerimônias, rituais, meditações e outras práticas de magia. Você pode adaptar o seu altar para algum feitiço em especial, ou para combinar com algum mês ou estação do ano. Por exemplo, muitas bruxas criam altares temáticos para os oito festivais pagãos (abordados com mais detalhes nas páginas 30 a 32). Se você estiver ao ar livre, pode usar um toco de árvore ou uma pedra plana como altar. Se viaja com frequência, monte um kit de altar portátil para levar consigo.

Os instrumentos do seu altar vão variar dependendo da tradição que você estiver seguindo. Um altar pode ser criado com qualquer orçamento: contanto que seja funcional, ele pode ser tão simples ou tão complexo quanto você desejar. Muitas bruxas usam um altar virado para o norte feito com objetos ou instrumentos que representam cada um dos quatro elementos (terra, ar, fogo e água). Você pode incluir outros objetos que desejar, como um livro das sombras, cristais, itens específicos de cada estação e outras oferendas. E talvez precise adaptar o altar para diferentes feitiços. Prepará-lo deve ser divertido, então não hesite em soltar a criatividade.

Como acessar seus poderes

Antes de praticar magia, você precisa aprender a acessar seu poder pessoal. Faça isso limpando a mente e eliminando as distrações para alcançar um estado mental de relaxamento e concentração. Muitas bruxas fazem 5 ou 10 minutos de meditação no início da sua prática. Tente incluir música, velas, incenso, óleos essenciais ou meditações guiadas.

Depois de limpar a mente, é preciso centrar, levantar e aterrar sua energia. O primeiro passo, centrar, é o processo inicial de visualizar sua energia para poder acessá-la. Ao centrá-la, você deve conseguir senti-la se expandir e se contrair. Mantenha o foco em se conectar com a energia do seu corpo e tentar alcançar uma sensação de equilíbrio.

Em seguida você precisa levantar sua energia. Bruxas iniciantes às vezes usam a própria energia em excesso durante esse passo e acabam se esgotando. Um jeito de evitar isso é usar objetos como cristais, pedras ou água energizada pela lua cheia para obter energia adicional. Esses objetos têm uma energia própria, que você pode combinar com a sua de modo a despertar poder suficiente para criar um feitiço. Para usar um objeto energizado, um cristal, por exemplo, basta segurá-lo na mão. Visualize a energia da sua mão se misturando à energia do cristal. É normal sentir um calor na mão nessa hora; isso significa que você canalizou a energia e está pronta para usá-la.

Depois de concluir o feitiço, aterre sua energia para reequilibrar seus níveis energéticos. Aterrar libera a energia em excesso que sobra depois da prática. Se você estiver começando na arte dos feitiços, recomendo arrumar alguns cristais ou pedras como hematita, pedra da lua, obsidiana ou sodalita. Para começar o aterramento, deve-se chegar o mais perto possível do chão. A proximidade com o solo ajuda a promover uma conexão mais fácil e mais fluida. Agora visualize toda a energia em excesso deixando o seu corpo ao mesmo tempo que se concentra na respiração. A cada expiração, libere um pouco mais de energia e sinta-a fluir em direção ao chão.

Feitiços coletivos *versus* feitiços solitários

Agora que você aprendeu o básico em relação aos feitiços, está na hora de abordar uma das perguntas mais frequentes entre as bruxas iniciantes: é preciso fazer parte de um coven para praticar magia ou feitiços? A resposta é não. Fazer parte de um grupo é uma escolha, e uma escolha que só você pode fazer.

COVEN

Coven é um grupo de bruxas que se reúne para praticar e realizar feitiços, rituais e cerimônias coletivamente. A palavra em inglês *coven*, que vem do latim *convenire* e significa "reunir-se", foi popularizada por Margaret Murray em seu livro de 1921 intitulado *O culto das bruxas na Europa Ocidental*. Em um coven em geral existem um ou dois líderes, conhecidos como Sumo Sacerdote e Suma Sacerdotisa. Quando você faz feitiços dentro de um grupo, muitas vezes divide o trabalho e recebe um passo ou uma tarefa a executar como parte de uma magia maior. As preparações deste livro foram escritas para quem pratica sozinha, mas também podem ser feitas em conjunto.

Os covens não são mais tão populares hoje em dia. Alguns criaram uma reputação controversa e negativa porque ocultaram questões escusas como dinâmicas de poder tóxicas, abuso sexual, nudez forçada, suborno e outras atividades impróprias. Por causa de sua história atribulada, muitas bruxas preferem a prática solitária.

PRÁTICA SOLITÁRIA

Mesmo que pratique feitiços sozinha, você pode se unir a uma comunidade de outras bruxas, wiccanas ou pagãs. Muitas bruxas hoje em dia se agrupam em um "círculo", reunião aberta que não tem a mesma estrutura de um coven.

Muitas vezes elas se reúnem em círculos para celebrar a lua cheia, concluir um ritual ou conversar sobre espiritualidade e outros temas. Os círculos permitem que bruxas de práticas distintas trabalhem juntas. Encontrar o grupo certo requer um pouco de pesquisa e tempo. Visite encontros, conheça as outras integrantes e faça perguntas. E o mais importante de tudo: se em algum momento se sentir ameaçada ou em risco, lembre-se de que tem todo o direito de se retirar da situação.

Calendários, estações e ciclos

Usar calendários, estações e ciclos é uma forma eficaz de se conectar com a natureza e a magia ao seu redor. Entre os dias importantes a serem lembrados estão os solstícios, equinócios e festivais pagãos que integram a Roda do Ano.

AS QUATRO ESTAÇÕES E EQUINÓCIOS

As quatro estações são marcadas pelos quatro festivais do sol: o equinócio de primavera, o solstício de verão, o equinócio de outono e o solstício de inverno. Há também um festival no meio de cada estação, e essas quatro datas são conhecidas como celebrações intermediárias. Juntos, os festivais do sol e as celebrações intermediárias constituem os oito sabás pagãos: Samhain, Yule, Imbolc, Ostara, Beltane, Litha, Lughnasadh e Mabon. Essas datas celebram a mudança das estações. Em inglês são chamadas de *sabbats*, do latim *sabbatum*, "dia de descanso", que também deu origem ao nosso *sábado* em português.

SAMHAIN – Esse sabá representa a última colheita, o fim do verão e início do Ano-Novo das bruxas. O Samhain em geral é comemorado no dia 31 de outubro no hemisfério norte e no dia 30 de abril no hemisfério sul. Ele ocorre quando o véu entre os mundos está com a sua espessura mais fina, permitindo aos mortos e aos encantados (espíritos naturais como fadas, elfos e duendes) adentrarem nosso reino. Nessa data, honre os espíritos, entre em contato com seus antepassados ou celebre a vida e a morte.

YULE – Comemorado de 21 a 22 de dezembro no hemisfério norte e de 21 a 22 de junho no hemisfério sul. Yule é o solstício de inverno, a noite mais longa do ano. Depois dele, as noites vão encurtando conforme a primavera se aproxima. Esse sabá representa a promessa de luz e o renascimento do sol. Use essa data para honrar as energias transformadoras da vida e da morte e para celebrar com parentes e amigos.

IMBOLC – Comemorado em 1º de fevereiro no hemisfério norte e 10 de agosto no hemisfério sul. Imbolc assinala um ponto em que a vida recomeça a surgir depois do sono e da escuridão do inverno. Use essa data para celebrar a fertilidade, o amor e a criatividade.

OSTARA – Comemorado de 20 a 21 de março no hemisfério norte e de 20 a 21 de setembro no hemisfério sul. Ostara é o equinócio de primavera, um dos únicos dois dias do ano em que o dia e a noite têm a mesma duração. Depois desse sabá, os dias vão se alongando conforme o verão se aproxima. Essa data celebra a renovação, o equilíbrio e o renascimento; use-a para honrar a nova vida e as novas ideias.

BELTANE – Comemorado em 1º de maio no hemisfério norte e em 1º de novembro no hemisfério sul. O Beltane celebra a vida, os novos começos, a paixão e o romance. Use essa data para honrar as uniões e as energias da primavera.

LITHA - Comemorado de 21 a 22 de junho no hemisfério norte e de 21 a 22 de dezembro no hemisfério sul. Litha é o solstício de verão, o dia mais longo do ano. Use essa data para honrar o sol, a vitalidade, o crescimento e o empoderamento.

LUGHNASADH - Comemorado em 1º de agosto no hemisfério norte e em 1º de fevereiro no hemisfério sul. Muitas vezes chamado de Lammas, Lughnasadh é o primeiro festival da colheita, uma época para colher as sementes plantadas o ano inteiro em preparação para o longo inverno que está por vir. Use essa data para celebrar a gratidão, a abundância e a criatividade.

MABON - Comemorado de 22 a 23 de setembro no hemisfério norte e de 20 a 21 de março no hemisfério sul. Mabon é o equinócio de outono, o único outro dia do ano em que o dia e a noite têm exatamente a mesma duração. Depois de Mabon, os dias vão encurtando à medida que o inverno se aproxima. Ele é também o segundo festival da colheita do ano, uma data para celebrar com quem amamos e para agradecer (e é também apelidado de "Dia de Ação de Graças das bruxas").

CICLOS DA LUA

A lua tem um papel importante na arte dos feitiços. A cada 29 dias e meio ela dá a volta na Terra, completando um ciclo lunar: cresce de nova a cheia, em seguida torna a minguar até nova, momento em que se inicia um novo ciclo. Agora vamos discutir as fases da lua e como usá-las na sua prática.

O papel da lua

A energia se modifica ao longo do ciclo lunar. Sendo assim, é importante saber em que fase está a lua quando for preparar um feitiço.

O ciclo lunar se inicia com a **lua nova**. Ela oferece um potencial ilimitado e um novo ponto de partida. Essa é a fase perfeita para fazer feitiços que tenham a ver com novos começos, aprimoramento pessoal, materialização, paz e vidência.

A **lua crescente**, ou quarto crescente, assinala o meio do caminho entre uma lua nova e uma lua cheia. Durante essa fase, a energia lunar está crescendo. Assim, é a fase ideal para feitiços que também precisam de energia para crescer, como aqueles relacionados a criatividade, sorte, coragem, saúde, finanças, equilíbrio, motivação e amor.

A **lua cheia** ocorre quando ela está redonda e com seu brilho mais intenso no céu. A energia é mais forte nessa fase, e você deve aproveitar para recarregar os instrumentos que usará em futuras magias. Durante essa fase, algumas bruxas fazem o esbá, ou ritual da lua cheia. A fase cheia é perfeita para feitiços relacionados a espiritualidade, decisões, saúde e sucesso.

A **lua minguante**, ou quarto minguante, assinala a volta da lua à fase nova. Durante esse período, faça feitiços que tenham a ver com aterramento, liberação, eliminação, banimento, transições, obstáculos e equilíbrio.

Logo antes da lua nova há a **lua negra**, ou lua balsâmica. Durante essa fase, a lua está envolta em escuridão e não é visível no céu noturno. O período da lua negra é ideal para feitiços relacionados a intuição, banimento, proteção, purificação, meditação e trabalho energético.

LUA CHEIA DE CADA MÊS

Todos os meses do ano têm uma lua cheia, e elas são todas diferentes entre si. Apesar de o ano ter apenas doze meses, há treze luas cheias por ano. O resultado disso é a "lua azul", que é uma segunda lua cheia que pode aparecer em um dos meses. Abaixo, uma lista do que a lua de cada mês representa:

LUA DE JANEIRO – lua do lobo, do frio ou da bétula; ênfase nas energias de proteção, intuição e sabedoria

LUA DE FEVEREIRO – lua do estímulo, da neve, do apetite, lua pura ou lua da sorva; energias de purificação, crescimento e cura

LUA DE MARÇO - lua da tempestade, da larva, da semente, da seiva ou das cinzas; energias de renascimento e despertar

LUA DE ABRIL - lua da lebre, do vento, da relva, lua rosa ou lua do amieiro; ideal para feitiços que tenham a ver com mudança, equilíbrio, emoções e planejamento

LUA DE MAIO - lua da flor, lua feliz, lua do leite, do plantio ou do salgueiro; ideal para feitiços que tenham a ver com aumento de energia, intuição e conexões

LUA DE JUNHO - lua da rosa, do hidromel, do morango, do sol forte ou do espinheiro; excelente para proteção, fortalecimento, feitiços preventivos e de manutenção

LUA DE JULHO - lua do mosto, do feno, do trovão, das bênçãos, do gamo ou do carvalho; perfeita para feitiços que tenham a ver com vidência, trabalho com sonhos e habilidades psíquicas

LUA DE AGOSTO - lua do milho, lua vermelha, lua do esturjão ou lua do azevinho; usada para feitiços relacionados a renascimento, abundância, prosperidade e renovação

LUA DE SETEMBRO - lua da colheita ou da aveleira; ideal para feitiços relacionados a claridade e escuridão, emoções e bem-estar mental e físico

LUA DE OUTUBRO - lua de sangue, do caçador ou da vinha; perfeita para feitiços relacionados a desapego, purificação, carma, crescimento, vidência, trabalho com os sonhos e espíritos

LUA DE NOVEMBRO - lua do luto, do gelo, do castor ou da hera; boa para feitiços para se livrar de hábitos ou relacionamentos, recomeços e conexões

LUA DE DEZEMBRO – lua das noites longas, do frio ou do junco; ideal para feitiços relacionados a resistência, renascimento e transformação

LUA AZUL – energeticamente mais potente do que as outras luas

Instrumentos e roupas

Todo aquele que pratica feitiços precisa de ferramentas para fazer o seu trabalho, mas ter uma grande coleção de instrumentos caros ou joias elaboradas por si só não vai aumentar o seu poder. Primeiro você precisa aprender as bases. Nesta seção vamos enumerar algumas delas.

VESTIMENTAS PARA PREPARAR FEITIÇOS

As roupas que uma pessoa usa para praticar a magia variam dependendo da tradição que ela segue. Os integrantes de um coven ou círculo às vezes vestem túnicas. Em algumas tradições da wicca, a norma é praticar sem roupas. Você deve prestar atenção no que vai vestir ao preparar feitiços, mas não precisa usar nada muito complexo ou caro; o principal é se sentir confortável para sentar-se, ficar em pé, andar e às vezes dançar. Usar joias, cristais ou talismãs também pode incrementar sua energia.

OBJETOS SIMBÓLICOS

Bruxas usam diversos instrumentos e objetos simbólicos para incrementar sua arte. Os instrumentos sem os quais não consigo viver são meu livro das sombras, minha tigela de altar, meu pilão, velas, cristais, incenso, oráculos, uma vassoura de bruxa e uma varinha. Alguns dos feitiços deste livro usam outros objetos simbólicos, como pingentes, joias e bonecos. A seguir, alguns dos instrumentos e objetos mais comumente usados.

Livro das sombras

Muitas bruxas usam um livro das sombras ou grimório para registrar sua prática. O livro das sombras de uma bruxa pode incluir feitiços, meditações, rituais, receitas e anotações diversas.

Tigela de altar

Encontrar uma boa tigela de altar é um pouco mais difícil do que pode parecer. Ela deve poder conter sal, ervas, cristais e água (para poções ou para prever o futuro). Eu uso uma tigela preta ou de material natural larga e relativamente funda.

Pilão

Moer as próprias ervas à mão pode ajudar a firmar um propósito na sua prática de feitiços. Eu uso o pilão para moer misturas de ervas para garrafas, sachês e bolsinhas encantados, incensos, incrementos para velas e bonecos.

Velas

Os feitiços deste livro usam várias velas diferentes. Velas grandes e grossas ou velas altas são perfeitas para magias de longa duração, enquanto velas réchaud ou votivas menores são ideais para feitiços de uso único. Os tempos de queima variam, mas em média as velas grossas com 13 a 18 cm de altura duram de 90 a 100 horas, as votivas queimam por 10 a 15 horas, as altas com 30 cm de altura duram de 9 a 12 horas, e as réchaud duram apenas de 4 a

6 horas. Certifique-se de manter suas velas acesas longe de materiais combustíveis, líquidos e gases inflamáveis.

Cristais

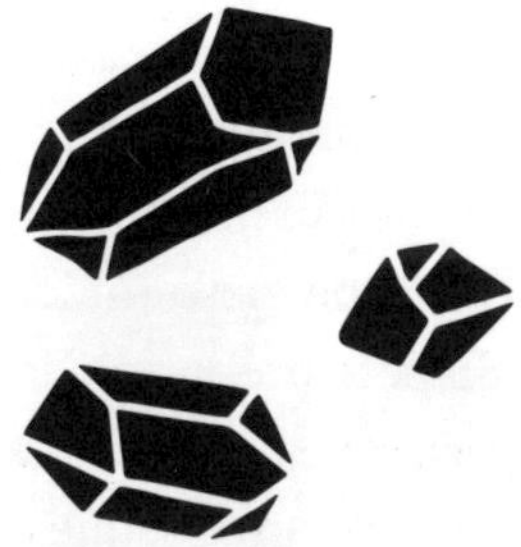

Os cristais são instrumentos cruciais para se preparar feitiços. Gosto de pensar neles como baterias de energia que podem ser recarregadas. As receitas deste livro usam diversos cristais e pedras, mas recomendo começar com um cristal de quartzo transparente, que pode ser usado para substituir os outros em quase todos os feitiços. Entre um uso e outro é preciso limpar os seus cristais de energias antigas. Uma lista dos mais comuns está na página 41.

Incenso

O incenso é usado com frequência nos feitiços como coadjuvante para limpar, purificar e firmar intenções. Ele pode ser combustível ou não combustível. Os incensos combustíveis contêm salitre para ajudar na queima e são comprados prontos na forma de cones, palitos ou espirais. Os incensos não combustíveis devem ser queimados em uma pastilha de carvão vegetal sobre uma base resistente ao calor. Em geral se apresentam como misturas soltas ou bastões (maços de ervas secas amarrados com barbante).

Oráculos

Cada bruxa usa os próprios oráculos para ajudar a prever o futuro. Eu tenho sempre no meu altar um baralho de tarô (recomendo o de Rider-Waite). Tenho também sempre à mão um saquinho de runas. Runas são pedras gravadas com o alfabeto rúnico, um alfabeto pré-latino de origem germânica. Eu uso o alfabeto Futhark Antigo, que contém 24 letras.

Vassoura de bruxa

Uma vassoura de bruxa é usada para varrer o espaço do altar ou um cômodo. Ela limpa velhas energias de feitiços ou rituais anteriores. Muitas bruxas usam uma minivassoura para limpar o altar, instrumentos e ingredientes.

Boneco

Um boneco feito à mão (muitas vezes costurado) representa alguém em um feitiço. Você pode fabricá-lo com qualquer tecido, mas se for iniciante em costura recomendo trabalhar com feltro e usar uma agulha de bordado grossa e linha de bordado.

Varinha ou athame

Varinhas direcionam a energia na prática de feitiços. Elas são usadas com frequência no lugar do tradicional athame (faca da bruxa) ou planchette (espeto). Podem ser feitas em madeira de diversos tipos e às vezes são incrementadas com cristais ou pedras.

Exemplo de uma despensa de bruxa

Muitos dos feitiços deste livro usam ingredientes que você pode encontrar no mercadinho da esquina! Segue abaixo uma lista de alguns dos mais usados. Ingredientes menos corriqueiros podem ser adquiridos nas lojas especializadas em bruxaria ou encomendados pela internet. No Brasil, às vezes é possível encontrar itens em lojas de umbanda/candomblé.

ÓLEOS ESSENCIAIS são óleos concentrados que têm o aroma da planta que lhes deu origem. Como são muito potentes, na maioria dos feitiços eles são utilizados em pequenas quantidades. Certifique-se de diluí-los em óleos carreadores ou álcool de cereais antes de passá-los na pele. Os óleos essenciais usados com mais frequência neste livro são:

- Alecrim
- Bergamota
- Cedro
- Eucalipto
- Gerânio
- Hortelã
- Jasmim
- Lavanda
- Patchuli
- Rosa
- Sálvia
- Sândalo

ÓLEOS CARREADORES são óleos-base (geralmente vegetais) usados para diluir os óleos essenciais. São em geral baratos, e a maioria deles é facilmente encontrada. Entre os óleos carreadores mais usados estão:

- Óleo de abacate
- Óleo de amêndoas
- Óleo de coco
- Óleo de jojoba
- Óleo de oliva (azeite)
- Óleo de rosa-mosqueta

ERVAS, ESPECIARIAS, FLORES E CRISTAIS são ingredientes cruciais para muitos dos feitiços deste livro. Entre os mais usados estão:

ERVAS (FRESCAS OU SECAS):

- Alecrim
- Artemísia
- Erva-cidreira
- Erva-de-são-joão
- Hortelã
- Raspas de laranja (frescas)
- Louro (seco)
- Manjericão
- Tomilho

ESPECIARIAS:

- Anis-estrelado
- Canela (em pó e em pau)
- Cardamomo
- Cominho
- Cravo (inteiro e em pó)
- Gengibre (fresco e seco)
- Noz-moscada
- Pimenta-da-jamaica
- Pimenta-de-caiena
- Pimenta-do-reino
- Pimenta-malagueta moída
- Sais de magnésio
- Sálvia
- Sal marinho
- Sal negro

FLORES (TODAS SECAS, EXCETO QUANDO ESPECIFICADO):

- Camomila
- Cravo
- Gerânio (pétalas)
- Hibisco (flor inteira)
- Jasmim
- Lavanda
- Margarida (flor inteira)
- Milefólio (flor inteira)
- Rosa (pétalas, frescas e secas)
- Rosa-mosqueta
- Violeta (flor inteira)

CRISTAIS:

- Aventurina
- Citrino
- Cornalina
- Esmeralda
- Granada
- Heliotrópio (pedra do sangue)
- Hematita
- Lápis-lazúli
- Obsidiana
- Olho de tigre
- Peridoto
- Pirita
- Quartzo fumê
- Quartzo rosa
- Quartzo transparente
- Selenita
- Sodalita
- Turquesa

Signos

Os feitiços com frequência usam símbolos e signos. Embora muitos dos mesmos símbolos sejam usados em todas as tradições da bruxaria, compilar uma lista completa de símbolos seria uma tarefa impossível. A seguir, alguns dos símbolos e signos mais usados.

SÍMBOLOS

Os símbolos permitem comunicar e lançar feitiços de forma rápida. Os mais importantes para se aprender são o pentáculo, os triângulos elementais, os círculos, as fases da lua, os sigilos e os nós.

PENTÁCULO - Uma estrela de cinco pontas dentro de um círculo ou apenas um pentagrama, sem o círculo. O pentáculo tornou-se o símbolo que define o paganismo moderno, e você irá vê-lo com frequência gravado em instrumentos. Ele está estreitamente associado aos elementos, estrelas, círculos sagrados, proteção, poder divino e espiritualidade.

TRIÂNGULOS ELEMENTAIS - Quatro triângulos diferentes representando os elementos do mundo natural (terra, ar, água e fogo). Você pode usar os triângulos elementais no lugar de um elemento quando não tiver acesso direto a ele.

CÍRCULOS - Esse formato representa o espaço sagrado e a energia da proteção. Os círculos também estão associados à inteireza, à energia contínua, ao espírito e aos símbolos astrológicos do sol e da lua.

FASES DA LUA - Cada fase do ciclo lunar (nova, crescente, cheia, minguante e negra) tem um símbolo correspondente. Conhecer as diferenças entre as fases da lua – discutidas anteriormente neste capítulo, nas páginas 32 e 33 – vai ajudar você nos feitiços e tornar mais fácil a leitura dos calendários e o acompanhamento dos movimentos astrológicos.

SIGILOS - São símbolos específicos que você cria para que contenham um propósito ou significado. Podem ser esculpidos, desenhados ou costurados em um objeto para personificar a energia. Este livro lhe ensinará a fabricar diversos tipos de sigilo para auxiliar sua prática.

NÓS - Na prática de feitiços, os nós simbolizam conexão, proteção e vínculo.

CORES

Cada cor tem um significado na bruxaria. Muitos dos feitiços deste livro usam determinadas cores para alcançar propósitos específicos. A seguir, uma lista de cores e suas associações.

BRANCO - limpeza, proteção, verdade, pureza, cura e clareza de visão

PRETO - negatividade, anulação, banimento, proteção, perdão, tristeza e o fim de uma relação

MARROM - incerteza, aterramento, proteção, ideias e localização de objetos perdidos

CINZA - neutralidade, apaziguamento de emoções, invisibilidade e acordos

VERMELHO - amor, paixão, força, coragem, prazer, ação e determinação

LARANJA - fertilidade, criatividade, autoestima, confiança, abundância e energia

AMARELO - confiança, sabedoria, felicidade, memória, concentração, lógica e exercícios mentais

VERDE - dinheiro, sorte, fertilidade, cura, crescimento e prosperidade

AZUL - saúde, calma, confiança, verdade, sucesso, proteção e depressão

ROXO - poder, habilidades psíquicas, vidência, proteção psíquica, sonhos e memória

ROSA - amor, honra, romance, amizade, afeto, confiança e atração

DOURADO - conquistas terrenas, saúde e reconhecimento

PRATEADO - vidência, objetivos, despertar de habilidades psíquicas e visões

MÚSICAS E CÂNTICOS

Palavras, cânticos, músicas e rimas encantatórias são usados para intensificar a energia, o poder e o propósito de um feitiço. Você também pode escrever seus próprios cânticos ou encantamentos.

Antes de começar sua prática

Antes de começar a preparar feitiços, é importante aprender o que são carma, intenção, reencarnação e livre-arbítrio. Esses tópicos vão ampliar sua base e permitir que você tome decisões embasadas e esteja consciente das consequências de sua prática.

CARMA E INTENÇÃO

Já abordamos os conceitos essenciais do carma na página 21, mas é preciso prestar atenção também nas suas intenções e nos pontos de interseção que a intenção tem com o carma. Ao estabelecer a intenção dos seus feitiços, é preciso praticar a responsabilidade pessoal.

Lembre-se: o que você direcionar para o universo acabará algum dia voltando para você.

REENCARNAÇÃO

Muitas bruxas e wiccanas acreditam em espíritos, em vida após a morte e em reencarnação, e é aí que o carma pode vir lhe fazer uma visita. Se você tiver muita má sorte ou experiências de vida negativas, acredita-se que isso seja resultado de comportamentos mal-intencionados em vidas passadas.

LIVRE-ARBÍTRIO

Como praticante da bruxaria, você tem o poder de manifestar a mudança, mas, independentemente de tudo, precisa respeitar o livre-arbítrio. Tentar alterar o livre-arbítrio de outra pessoa pode ter consequências graves. Cuidado quando for lançar feitiços que envolvam terceiros, e preste atenção nas suas intenções.

Instruções frequentes

Os feitiços deste livro incluem muitas instruções básicas que se repetem. Antes de entrarmos na prática em si, seguem algumas instruções comuns que você vai encontrar e seu significado.

PURIFICAR O SEU ALTAR E/OU ÁREA DE PRÁTICA. Esse é o primeiro passo de quase todos os feitiços deste livro e se refere à limpeza física do seu espaço, assim como de energias antigas. Para limpar você pode usar a própria energia, uma vassoura de bruxa, incenso ou cristais. Ao limpar o seu espaço, você pode também consagrá-lo ou dedicá-lo ao seu feitiço.

PURIFICAR INSTRUMENTOS E INGREDIENTES. Antes de iniciar a maioria dos feitiços, você vai precisar purificar os instrumentos e ingredientes. Algumas formas de purificar um objeto: passá-lo em fumaça de incenso, varrê-lo com a vassoura de bruxa ou lavá-lo com água. Existem alguns macetes práticos. Por exemplo, não use água para purificar objetos que possam se danificar caso se molhem, como joias de metal, madeira e alguns cristais, nem use fumaça de incenso para purificar objetos se estiver num lugar com má ventilação. Os feitiços aqui descritos não especificam como purificar objetos a menos que seja necessário algo muito específico; de modo geral, você mesma pode decidir.

ENERGIZAR ÁGUA. Vários feitiços deste livro pedem água energizada pela lua cheia. Para energizar uma tigela d'água, basta deixá-la de um dia para o outro debaixo de uma lua cheia. Isso permite que a energia da lua seja transmitida para a água e a energize.

ENERGIZAR (OU REENERGIZAR) UM CRISTAL. Você pode energizar um cristal colocando-o sob a luz da lua cheia. Se não tiver tempo de esperar uma lua cheia, segure o cristal na mão para energizá-lo com a própria energia. Só cuidado para não usá-la em excesso!

REENERGIZAR UM OBJETO FABRICADO. Para reenergizar um objeto que você criou, execute o mesmo feitiço sobre ele outra vez. Por exemplo, se a instrução foi fabricar um pingente encantado, você pode reenergizá-lo lançando o feitiço sobre ele uma segunda vez. Reenergizar objetos os ajuda a manter suas propriedades mágicas.

UNGIR UM OBJETO. Ungir significa besuntar com óleo.

PERSCRUTAR (*SCRYING*). Perscrutar é o ato de olhar fixamente para uma substância e usá-la para ver o futuro. Nos feitiços deste livro, você em geral vai usar uma fogueira, a chama de uma vela, uma tigela com água, fumaça de incenso ou uma esfera de cristal.

USAR SUA VARINHA. Para utilizar sua varinha, segure-a com firmeza e trate-a como se fosse uma extensão da sua mão. Use-a para direcionar e canalizar sua energia ao mentalizar a sua intenção, criar barreiras energéticas ou ativar mandalas de cristal.

IMBUIR OBJETOS DA SUA INTENÇÃO. Para imbuir um objeto da sua intenção, segure-o nas duas mãos, feche os olhos e visualize o seu desejo. Isso permitirá que parte da sua energia se transfira para o objeto. Seus propósitos, sua energia e seus desejos irão materializar resultados para seus feitiços.

PARTE II

OS FEITIÇOS

Quando fazemos feitiços, nossa intenção em geral é gerar alguma mudança em nossas vidas. Mas precisamos estar extremamente conscientes da energia e dos propósitos que colocamos neles. Quem está começando nessa prática muitas vezes sente a tentação de lançar feitiços mal-intencionados ou praticar bruxaria em um momento em que as emoções estão exaltadas ou desestabilizadas, mas fazer isso pode ter graves consequências.

Quando perceber que suas emoções estão saindo do controle, concentre sua energia em um banho do autoamor (página 53) para acalmar os sentimentos. Isso ajudará você a recuperar a sensação de tranquilidade e a não prejudicar ninguém durante o processo.

Por fim, pratique sempre a arte da feitiçaria com atenção, bom senso e cuidado. Lembre-se: cabe a você decidir como vai usar o poder da sua intenção.

CAPÍTULO 3

AMOR ROMÂNTICO

Atrair e encontrar o amor é um tema popular na arte da feitiçaria, mas que também envolve riscos, pois, se você não prestar atenção, pode sem querer contrariar a lei do carma. Tome decisões embasadas sobre o que é certo ou errado ao praticar esses feitiços. Esta seção ajudará você a atrair, aumentar, encontrar, esquecer e inspirar o amor em sua vida.

Poção de rosas para atração

Esta poção é ideal para atrair novos pretendentes ou admiradores em potencial para sua vida. Ela utiliza ervas e instrumentos que você já deve ter em casa. Por conta de suas associações com o amor, a rosa é a melhor flor para usar nesta receita.

QUANDO FAZER:
Sexta-feira ou na lua crescente

QUANTO TEMPO LEVA:
15 minutos

ONDE FAZER:
Cozinha

INGREDIENTES E INSTRUMENTOS:
Panela pequena
1 xícara de água
1 colher de chá de pétalas de rosa secas
1 colher de chá de flores de hibisco secas
1 colher de chá de flores de lavanda secas
Uma pitada de canela
Pano de musselina ou coador
Xícara para beber

1. Purifique a cozinha.
2. Na panela pequena, ferva a água enquanto declara a sua intenção.
3. Retire a panela do fogo. Despeje na panela, um de cada vez, as pétalas de rosa, os hibiscos, a lavanda e a canela. Enquanto estiver fazendo isso, repita quatro vezes as palavras *infundir, imbuir, incutir, imergir.*
4. Mexa a mistura devagar enquanto visualiza a energia da atração envolvendo as ervas dentro da panela. Deixe a poção descansar por 10 minutos.
5. Coe a poção dentro de uma xícara e beba.

Banho do autoamor

Banhos mágicos são ideais para purificar energias velhas e permitir o enraizamento de energias novas e ligadas ao autocuidado. Este feitiço é perfeito para aumentar o amor pelo seu eu físico, mental, emocional, psicológico e espiritual.

QUANDO FAZER:
Segunda ou sexta-feira, ou na lua cheia

QUANTO TEMPO LEVA:
30 minutos

ONDE FAZER:
Banheiro

INGREDIENTES E INSTRUMENTOS:
1 xícara de sais de magnésio
3 gotas de óleo essencial de jasmim
3 gotas de óleo essencial de rosa
Isqueiro ou fósforos
Vela grossa rosa
Cristal de quartzo rosa

1. Purifique o banheiro.
2. Encha a banheira com água morna ou quente.
3. Acrescente à água os sais de magnésio e os óleos essenciais de jasmim e rosa.
4. Enquanto a banheira estiver enchendo, acenda a vela e coloque em um lugar seguro por perto.
5. Segure o quartzo rosa na sua mão dominante e relaxe na banheira por 20 minutos. Concentre-se naquilo que ama em si mesma. Sinta a água do banho permear o seu corpo e o quartzo rosa com energias de amor e de cura.
6. Após 20 minutos, esvazie a banheira e apague a vela.
7. Toda vez que precisar de uma turbinada de autoamor, acenda a vela e segure o quartzo rosa.

Observação: O feitiço também pode ser realizado no chuveiro. Em vez da imersão na banheira, basta despejar devagar pelo corpo um jarro de água com a mistura e não enxaguar.

Feitiço para esquecer um amor

Este feitiço ajudará você a superar um amor do passado. O momento ideal para fazê-lo é depois da lua cheia, quando ela começar novamente a minguar em direção à escuridão da lua nova.

QUANDO FAZER:
Na lua minguante

QUANTO TEMPO LEVA:
15 minutos

ONDE FAZER:
Altar

INGREDIENTES E INSTRUMENTOS:
3 gotas de óleo essencial de cravo
1 colher de sopa de azeite
Pratinho pequeno
Vela grossa preta
Isqueiro ou fósforos
Caneta e papel
Tigela grande
Tigela pequena
Cerca de 1/2 xícara de água

1. Purifique o seu altar.
2. Misture no pratinho o óleo essencial de cravo e o azeite. Com os dedos, use o óleo para ungir sua vela preta. Cuidado para não passar óleo no pavio.
3. Acenda a vela e concentre suas intenções na ruptura dos vínculos com seu ex-amor.
4. Escreva um recado de despedida para os sentimentos que não lhe servem mais. Ponha o recado dentro da tigela grande.
5. Encha a tigela pequena com água e ponha as mãos dentro dela para limpar qualquer dor, raiva e ressentimento.
6. Pegue um pouco da água da tigela com as mãos e jogue no papel para reforçar sua despedida.
7. Embole o papel e jogue fora, removendo-o da sua vida.
8. Toda vez que perceber sentimentos antigos voltando, acenda sua vela ungida.

Sigilo de amor pessoal

Criar um sigilo de amor pessoal é divertido e criativo! Este feitiço é perfeito para atrair mais atenção do seu interesse amoroso. Ele também é a maneira perfeita de trazer à luz seus verdadeiros sentimentos.

QUANDO FAZER:
Sexta-feira ou na lua nova

QUANTO TEMPO LEVA:
10 minutos

ONDE FAZER:
Altar

INGREDIENTES E INSTRUMENTOS:
2 folhas de papel
Caneta vermelha

1. Purifique o seu altar.
2. Escreva seu nome e o nome do seu interesse amoroso com caneta vermelha em uma das folhas de papel.
3. Desconstrua as letras dos nomes, desmembrando-as em elementos individuais como curvas, pontos, traços e linhas. Desenhe esses elementos abaixo dos nomes, no mesmo papel.
4. Ainda na mesma folha, combine os elementos gráficos para formar um desenho. Pode ser um quadrado, um coração, uma cruz ou um triângulo. Disponha qualquer círculo, arco e traço que sobrar junto às linhas ou em volta do desenho. Esse desenho é o seu sigilo de amor.
5. Copie o sigilo de amor, agora codificado com a sua intenção, na segunda folha de papel. Carregue-o sempre consigo.

Feitiço de nó para restaurar o amor

Teve uma discussão com o seu amor e se arrependeu? Quer levar o romance de volta ao início? Este feitiço é perfeito para fazer a energia do seu relacionamento voltar a como era quando o amor era novo e puro.

QUANDO FAZER:
Segunda-feira ou na lua nova

QUANTO TEMPO LEVA:
45 a 60 minutos

ONDE FAZER:
Altar

INGREDIENTES E INSTRUMENTOS:
Incenso do desejo (página 66) ou **incenso da positividade** (página 210)
Pastilha de carvão e base resistente ao calor (opcional)
3 velas réchaud vermelhas
Isqueiro ou fósforos
2 pedaços de barbante (30 cm cada) de cores diferentes

1. Purifique o seu altar.
2. Acenda o **incenso do desejo** ou o **incenso da positividade**. Se for um incenso solto, queime sobre a pastilha de carvão em cima de uma base resistente ao calor. Disponha as velas em uma configuração triangular.
3. Acenda as velas e concentre o seu propósito na restauração do amor.
4. Segure os dois pedaços de barbante juntos e una-os por uma das pontas com um nó simples. Enquanto estiver dando o nó, diga: *Nó de amor, reviva o que se foi.*
5. Dê um segundo nó e diga: *Nó de paixão, traga de volta o prazer.*
6. Dê um terceiro nó e diga: *Nó de adoração, renove o que se danificou.*
7. Dê um quarto e último nó e diga: *Nó de desejo, conserte e reescreva.*
8. Deixe as velas queimando enquanto medita e visualiza o amor que deseja restaurar. Continue meditando por 45 minutos a 1 hora.

Feitiço para queimar uma dor de amor

Queime uma dor de amor usando o elemento fogo. Este feitiço utiliza fotografias e erva-cidreira, uma planta conhecida por suas propriedades curativas. Ele ajudará você a se recuperar da dor emocional de um relacionamento terminado.

QUANDO FAZER:
Segunda-feira ou na lua negra

QUANTO TEMPO LEVA:
30 a 45 minutos

ONDE FAZER:
Altar ou fogueira

INGREDIENTES E INSTRUMENTOS:
Fogueira, se estiver ao ar livre
Recipiente resistente ao calor, se em ambiente fechado, no seu altar
Isqueiro ou fósforos
2 fotografias, uma sua e outra da pessoa que partiu o seu coração
Um pequeno punhado de erva-cidreira seca
Sal marinho (opcional)

1. Purifique o seu altar ou a área ao redor da fogueira.
2. Se estiver lançando o feitiço em ambiente interno, use um isqueiro para queimar o canto de cada foto antes de colocá-las dentro do seu recipiente resistente ao calor. Se estiver praticando ao ar livre, você pode jogar uma foto de cada vez no fogo. Enquanto as fotos queimam, diga:
   Com este fogo alivio minha tristeza;
   com este fogo queimo o sofrimento;
   com estas cinzas levo embora a dor.
3. Depois de queimar as duas fotos, lance a erva-cidreira ao fogo.
4. Opcional: recolha um pouco das cinzas do fogo e misture com sal marinho para criar um potente sal negro não comestível, que pode ser salpicado ou lançado à sua volta no futuro para afastar emoções negativas.

Talismã para curar um coração partido

Este feitiço vai lhe ensinar a criar um talismã que ajudará seu coração a se curar. Seu talismã precisa ser usado constantemente. Esta receita usa pimenta-de-caiena, que ajuda nas separações e dores emocionais.

QUANDO FAZER:
Segunda-feira ou durante a lua negra

QUANTO TEMPO LEVA:
15 minutos

ONDE FAZER:
Altar

INGREDIENTES E INSTRUMENTOS:
Uma pitada de pimenta-de-caiena
Vela votiva ou grossa preta ou branca
Isqueiro ou fósforos
Colar

1. Purifique o seu altar.
2. Salpique a vela com pimenta-de-caiena para ungi-la.
3. Acenda a vela e visualize suas propriedades de cura.
4. Passe o colar pela fumaça da vela enquanto diz:
   Colar de cura,
   preencha o vazio do meu coração partido
   enquanto eu o imbuo de energia e sentimento;
   ampare-me para que possa criar meu recomeço.
5. Deixe o seu poder infundir o colar, energizando-o para que possa ser usado.
6. Repita o feitiço a intervalos de poucos meses para recarregar o talismã. Você pode usar a mesma vela.

Encantamento de fidelidade para alianças

Este feitiço serve para encantar anéis de compromisso de modo a inspirar uma confiança verdadeira entre você e seu amor. A intenção é que seja usado em alianças de casamento, mas pode ser usado em qualquer joia.

QUANDO FAZER:
Durante o equinócio de primavera, o solstício de verão ou na lua crescente

QUANTO TEMPO LEVA:
15 minutos

ONDE FAZER:
Altar

INGREDIENTES E INSTRUMENTOS:
1 colher de sopa de óleo carreador
2 pratos grandes
Vela grossa cor-de-rosa
1 colher de chá de manjericão seco
1 colher de chá de raiz de alcaçuz seca
Isqueiro ou fósforos
2 joias, uma sua e outra do seu amor

1. Purifique o seu altar.
2. Despeje o óleo carreador em um dos pratos.
3. Deite a vela grossa no óleo e role-a de um lado para o outro.
4. Salpique o manjericão e a raiz de alcaçuz na vela ungida até ela ficar levemente coberta de todos os lados. Concentre-se em carregar a vela com a sua intenção.
5. Ponha a vela ungida em pé no segundo prato e acenda-a.
6. Pegue suas duas joias e passe-as na fumaça da vela, tomando cuidado para não chegar perto demais da chama.
7. Concentre-se em imbuir cada joia de pensamentos relacionados a confiança, compromisso, fidelidade e devoção.
8. Deixe as joias esfriarem. Use-as e repita o feitiço a cada um a três meses para recarregá-las.

Óleo Vem-para-mim

Você pode usar este óleo na pele para irradiar energia ou vibrações de modo a atrair amor, ou então usá-lo para ungir velas, bonecos ou amuletos. Se tiver a pele sensível, teste primeiro em uma pequena área. Este óleo manterá sua potência por cerca de oito meses; depois disso, prepare uma nova leva.

QUANDO FAZER:
Sexta-feira ou na lua cheia

QUANTO TEMPO LEVA:
20 minutos

ONDE FAZER:
Altar

INGREDIENTES E INSTRUMENTOS:
2 colheres de sopa de óleo carreador, como de amêndoas ou de jojoba
Pequeno frasco de vidro escuro com roll-on ou conta-gotas
2 gotas de óleo essencial de rosa
2 gotas de óleo essencial de cedro
1 gota de óleo essencial de lavanda
1 gota de óleo essencial de baunilha
Uma pitada de raspas de laranja

1. Purifique o seu altar.
2. Despeje o óleo carreador no frasco de vidro.
3. Junte os óleos essenciais de rosa, cedro, lavanda e baunilha, um de cada vez. Ao acrescentar cada ingrediente, diga: *Vem para mim.*
4. Junte as raspas de laranja.
5. Segure o frasco com as duas mãos e visualize a energia envolvendo-o. Carregue-o com o seu propósito.

Poção de citrino para visualização

Esta poção em forma de chá ajuda na divinação amorosa e na visualização do seu futuro amor. Também pode ser usada para energizar sua pedra de citrino, que ajuda a estimular a mente para intensificar suas visões.

QUANDO FAZER:
Sexta-feira ou na lua nova

QUANTO TEMPO LEVA:
15 a 20 minutos

ONDE FAZER:
Cozinha

INGREDIENTES E INSTRUMENTOS:
Panela pequena
1 xícara de água
1 colher de chá de pétalas de rosa secas
1 colher de chá de camomila seca
1/2 colher de chá de artemísia seca
1/2 colher de chá de capim-limão seco
Pedra de citrino
Pano de musselina ou coador
Xícara para beber

1. Purifique a cozinha.
2. Na panela, ferva a água e retire do fogo.
3. Ponha na panela as pétalas de rosa, a camomila, a artemísia e o capim-limão, um de cada vez.
4. Segure o cristal de citrino na mão e diga:
   Com estas ervas intensifico
   e revelo o que não está visível;
   com este chá torno mais claras
   as visões reveladas pelo citrino.
5. Mexa a poção devagar enquanto visualiza a energia de uma visão ampliada envolvendo a pedra de citrino. Deixe descansar por 10 minutos.
6. Coe a poção numa xícara e beba, ainda segurando o seu citrino energizado.

Runa atada dos amantes

Mantenha ou atraia um relacionamento amoroso com a ajuda desta runa atada (para mais informações sobre runas, ver página 38). Runas atadas são combinações de duas ou mais runas em um único formato. Para preparar este feitiço, encontre uma pedra plana que lhe pareça adequada. Você vai usá-la para gravar sua runa atada.

QUANDO FAZER:
Sexta-feira ou na lua nova

QUANTO TEMPO LEVA:
15 minutos

ONDE FAZER:
Altar

INGREDIENTES E INSTRUMENTOS:
Lista de runas e seus significados
Folha de papel
Marcador vermelho permanente
Pedra plana o bastante para escrever em cima

1. Purifique o seu altar.
2. Treine criar uma runa atada desenhando o formato de duas runas em uma folha de papel, uma por cima da outra. Escolha duas runas que representem sua intenção de amor. Para relacionamentos e felicidade, as runas gebo e wunjo são ótimas. Gebo é a runa dos presentes e parcerias, e wunjo é a runa da alegria e do prazer.

3. Purifique a pedra.
4. Segure a pedra na mão e visualize a energia da sua intenção entrando na pedra.
5. Use o marcador vermelho para desenhar as runas na sua pedra.
6. Carregue consigo o seu amuleto de runa atada.

Sachê dos namorados

Use este sachê encantado para atrair uma nova parceria. Leve-o dentro da bolsa ou de um bolso, ou ponha-o debaixo do travesseiro, para sonhar com um futuro interesse amoroso. É preciso ter o sachê perto de você para que ele faça o seu trabalho.

QUANDO FAZER:
Sexta-feira ou na lua nova

QUANTO TEMPO LEVA:
15 minutos

ONDE FAZER:
Altar ou cozinha

INGREDIENTES E INSTRUMENTOS:
Isqueiro ou fósforos
Vela votiva vermelha ou rosa
Quadrado de 20 cm de pano vermelho ou rosa
2 colheres de chá de morangos secos
2 colheres de chá de morugem seca
2 colheres de chá de pétalas de rosa secas
2 colheres de chá de lavanda seca
2 paus de canela
Topázio rosa ou rubi
Amuleto em formato de coração ou o **sigilo de amor pessoal** (página 55)
Barbante vermelho ou rosa

1. Purifique o seu altar ou o espaço da cozinha.
2. Acenda a vela votiva e visualize sua intenção.

(CONTINUA)

3. Estenda o pano. Disponha sobre ele os morangos, a morugem, as pétalas de rosa, a lavanda, os paus de canela, o cristal que tiver escolhido e o seu amuleto enquanto diz:
   Morango para um amor doce,
   morugem para relação,
   pétalas de rosa para romance,
   lavanda para atração,
   canela para felicidade,
   cristal para fascínio,
   amuleto para o meu coração.

4. Una as pontas do pano e amarre bem apertado com um barbante para fechar o sachê, visualizando as energias dos ingredientes.

Feitiço da bruma de pétalas de rosa

Atraia pretendentes com esta bruma encantada. Ela pode ser borrifada na pele ou no ar à sua volta para irradiar uma energia convidativa que atrairá pessoas para você. Também é possível borrifar essa bruma no seu altar de modo a intensificar seus propósitos nos feitiços de amor.

QUANDO FAZER:
Segunda, sexta-feira ou na lua crescente

QUANTO TEMPO LEVA:
20 minutos

ONDE FAZER:
Altar ou cozinha

INGREDIENTES E INSTRUMENTOS:
1/2 xícara de água destilada ou água da torneira fervida em temperatura ambiente
1 frasco de vidro escuro (180 ml) com borrifador
6 gotas de óleo essencial de rosa

1. Purifique o seu altar ou o espaço da cozinha.
2. Despeje a água no frasco com borrifador e acrescente o óleo essencial de rosas. Agite para misturar.
3. Enquanto estiver agitando, energize a mistura com a sua intenção de atrair um interesse amoroso. Se ajudar, segure o frasco entre as mãos e visualize sua energia envolvendo-o e se misturando ao líquido.
4. Agite antes de cada uso para garantir que água e óleo estejam misturados. Reaplique a intervalos de poucas horas.

Incenso do desejo

O incenso do desejo é perfeito para inspirar paixão, desejo sexual ou emoções fortes. Use-o no quarto ou para intensificar feitiços de amor, como o **nó para restaurar o amor** da página 56. Esta mistura deve ser queimada sobre uma pastilha de carvão.

QUANDO FAZER:
Sexta-feira, ou durante a lua crescente ou cheia

QUANTO TEMPO LEVA:
20 minutos

ONDE FAZER:
Altar ou cozinha

INGREDIENTES E INSTRUMENTOS:
Pilão
1 colher de sopa de jasmim seco
1 colher de sopa de erva-cidreira seca
1 colher de sopa de pétalas de rosa secas
1 colher de sopa de damiana seca
1 colher de sopa de cardamomo seco
Pastilha de carvão
Base resistente ao calor
Isqueiro ou fósforos
Pote de vidro pequeno

1. Purifique o seu altar ou o espaço da cozinha.
2. Use o pilão para moer de leve o jasmim, a erva-cidreira, as pétalas de rosa, a damiana e o cardamomo. Deixe a mistura um pouco grossa.
3. Enquanto estiver moendo as ervas, concentre-se na sua intenção e permita que sua energia se misture às ervas. Usar um pilão vai lhe permitir infundir um pouco mais de energia à mistura do que usando um moedor.
4. Ponha as ervas moídas sobre uma pastilha de carvão em cima de uma base resistente ao calor e acenda.
5. Guarde as ervas moídas que sobrarem em um pote de vidro para usar depois.

Tônico dos amantes

Este tônico dos amantes é uma bebida feita com especiarias que usa a bruxaria da culinária, ervas encantadas e uma ambientação íntima para aproximar você do seu amor. Ele inspira e materializa paixão, confiança e amor, e afasta a timidez.

QUANDO FAZER:
Sexta-feira, no Dia dos Namorados ou durante a lua cheia

QUANTO TEMPO LEVA:
30 minutos

ONDE FAZER:
Cozinha

INGREDIENTES E INSTRUMENTOS:
Garrafa de vinho tinto
1 xícara de conhaque
Panela média
1 laranja em rodelas
3 paus de canela
Pitada de noz-moscada
Pequeno punhado de anis-estrelado
6 cravos
2 a 4 colheres de sopa de açúcar, mel ou melado
2 xícaras para beber

1. Purifique a cozinha.
2. Despeje o vinho e o conhaque na panela e aqueça em fogo baixo por 10 minutos. Se quiser que o álcool todo se evapore, ferva a mistura durante 10 minutos.
3. Enquanto a mistura aquece, consagre-a dizendo:
Que traga paixão, confiança e amor a cada gole.
4. Acrescente a laranja, os paus de canela, a noz-moscada, o anis-estrelado, os cravos e o adoçante que preferir. Deixe fervilhar por 15 minutos.
5. Retire do fogo, deixe esfriar e beba com o seu amor.

Feitiço trançado da harmonia

Está sentindo que o seu relacionamento precisa de mais equilíbrio e harmonia? Sente que algo está desalinhado na sua relação? Este feitiço usa a magia do trançado para atrair e "trançar" equilíbrio, harmonia e amor.

QUANDO FAZER:
Segunda, sexta-feira ou durante a lua nova ou minguante

QUANTO TEMPO LEVA:
30 minutos

ONDE FAZER:
Altar

INGREDIENTES E INSTRUMENTOS:
3 cristais de quartzo transparentes
3 velas réchaud cinza ou brancas
3 pedaços de barbante ou lã (30 cm) de cores diferentes
Miçangas em tons de vermelho e azul, ou nas cores preferidas suas e do seu amor

1. Purifique o seu altar.
2. Disponha os cristais de quartzo e as velas réchaud no seu altar em uma configuração triangular.
3. Acenda as velas e concentre-se em estabelecer a sua intenção.
4. Retire os cristais da configuração triangular e segure-os com as duas mãos. Pratique a visualização até conseguir ver a energia que você e o quartzo estão irradiando. Use a energia do quartzo para ajudar no feitiço.
5. Amarre os três pedaços de barbante juntos em uma das pontas com um nó simples.
6. Comece a trançar os barbantes. Enquanto for trançando, pense em tecer harmonia na sua relação.
7. A cada 2 cm mais ou menos, ponha miçangas em cada um dos barbantes, unindo amor, equilíbrio e harmonia. Diga:
   Barbante da harmonia, entrelace;
   miçangas do equilíbrio, teçam;
   miçangas do amor, unam e conectem.
8. Finalize a trança com um nó.
9. Use a trança como pulseira ou pendure-a em um espaço compartilhado.

Feitiço com vela de sete dias para o amor

Precisa de um feitiço mais forte de atração? Nesta receita, você vai reservar 15 minutos por dia durante sete dias para se concentrar no seu propósito amoroso. A energia se intensifica um pouco mais a cada dia, criando um feitiço de amor potente.

QUANDO FAZER:
Durante uma lua minguante ou nova

QUANTO TEMPO LEVA:
15 minutos por dia durante 7 dias

ONDE FAZER:
Altar

INGREDIENTES E INSTRUMENTOS:

Vela grossa vermelha ou branca
Athame ou faca para gravar (opcional)
Runa atada dos amantes (página 62; opcional)
2 colheres de sopa de óleo carreador, como azeite ou óleo de girassol
2 gotas de óleo essencial de gerânio
2 gotas de óleo essencial de sálvia
2 gotas de óleo essencial de laranja doce
Frasco escuro pequeno para guardar a mistura de óleos
Prato
Pilão (a menos que esteja usando ervas moídas)
1 colher de sopa de erva-cidreira seca ou verbena
Isqueiro ou fósforos

1. Purifique o seu altar.
2. Purifique a vela. Para intensificar o feitiço, use um athame ou faca para gravar na vela a sua **runa atada dos amantes** ou as iniciais do seu *crush*.
3. Misture o óleo carreador e os óleos essenciais de gerânio, sálvia e laranja doce no frasco. Enquanto estiver fazendo isso, concentre-se em levantar energia para o feitiço.

(CONTINUA)

4. Ponha a vela em cima do prato e besunte-a com a mistura de óleos. Usando as duas mãos, passe a mistura na vela inteira, começando pelo alto e descendo até a base. Direcione sua energia para atrair amor para sua vida.

5. Se necessário, use um pilão para moer a erva-cidreira ou a verbena. Salpique esse pó sobre toda a vela. Se quiser, pode reservar um pouco para salpicar durante o feitiço.

6. Acenda a vela, feche os olhos e medite durante 15 minutos, concentrando-se no seu propósito. Enquanto estiver meditando, diga:
   Cera da devoção, empreste sua força;
   fogo da paixão, conceda seu poder;
   ervas da emoção, tragam sua potência;
   fumaça da atração, entregue sua energia.

7. Repita diariamente por sete dias.

Amuleto contra atenção indesejada

Você atraiu atenção que não deseja? Tem admiradores de quem desejaria se esconder? Este feitiço alia um amuleto de proteção a um feitiço de invisibilidade para disfarçar sua energia e desviar interesses indesejados. Use este amuleto sempre que estiver na presença de alguém indesejado.

QUANDO FAZER:
Sábado ou durante uma lua negra

QUANTO TEMPO LEVA:
20 minutos

ONDE FAZER:
Altar

INGREDIENTES E INSTRUMENTOS:
1 xícara de sal marinho ou sal negro
5 gotas de óleo essencial de capim-limão
Vela votiva ou réchaud cinza
Espelho pequeno
Isqueiro ou fósforos
1 colher de chá de pimenta-do-reino
Cristal de quartzo fumê

1. Purifique o seu altar.
2. Use o sal para criar um pequeno símbolo circular de proteção no altar, mantendo o foco em energias protetoras.
3. Pingue cinco gotas de óleo essencial de capim-limão na vela. Não pingue no pavio.
4. Vire o espelho para longe de você, de modo a repelir a energia indesejada. Mantenha-o assim durante todo o feitiço.
5. Acenda a vela e salpique a pimenta-do-reino na chama. Diga:
   Chama que arde, proteja-me do afeto;
   pimenta-do-reino partida, resguarde-me da atenção.
6. Segure o cristal de quartzo fumê com as duas mãos. Diga:
   Quartzo brilhante, abrigue-me com proteção.

(CONTINUA)

7. Feche os olhos e puxe sua energia para dentro do quartzo fumê. Ele deve começar a esquentar.
8. Remova os objetos do seu altar e descarte a vela. Seu cristal agora está energizado. Carregue-o consigo para se proteger de atenções indesejadas.
9. Reenergize o quartzo fumê a intervalos de alguns meses.

Mandala de cristais para o amor

Essas mandalas usam cristais energizados dispostos em um padrão geométrico para intensificar o seu poder. Essa rede específica é feita com quartzo transparente, mas você pode usar qualquer cristal com propriedades ligadas ao amor, como quartzo rosa, turmalina rosa, pedra da lua ou aventurina.

QUANDO FAZER:
Sexta-feira ou durante a lua cheia

QUANTO TEMPO LEVA:
30 minutos

ONDE FAZER:
Altar ou ao ar livre sob o luar

INGREDIENTES E INSTRUMENTOS:
Caneta e papel
4 a 8 cristais de quartzo transparente
Varinha ou athame

1. Purifique o seu altar ou seu espaço ao ar livre.
2. Usando a caneta e o papel, crie o formato que você intuir. Para mandalas de cristais relacionadas ao amor, tente usar dois símbolos sobrepostos representando você e um parceiro em potencial. Não disponha ainda os cristais na formação da sua mandala; você fará isso no passo 4.

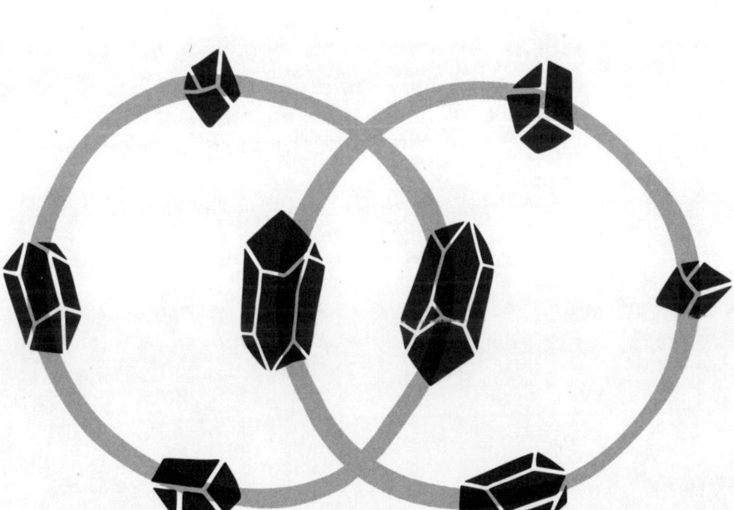

(CONTINUA)

3. Segure os cristais com as duas mãos e visualize sua energia e sua intenção se misturando a eles. Enuncie a afirmação que quiser, como: *Energizo estes cristais para atrair um parceiro amoroso para minha vida.*

4. Use os cristais para reproduzir a forma criada no passo 2. Comece com um cristal no centro e continue de dentro para fora.

5. Use a varinha ou athame para ativar sua grade. Direcione sua energia para os cristais reunidos. Diga: *Uno esta mandala para atrair um relacionamento verdadeiro para minha vida.*

6. Sente-se, recoste-se na cadeira, feche os olhos e passe 10 minutos meditando sobre o seu propósito.

7. Deixe sua mandala montada pelo tempo que desejar que ela fique ativa. A intervalos de alguns dias, volte a unir os cristais e diga em voz alta a sua intenção.

Garrafa encantada para atrair romance

Garrafas são ótimos feitiços de longa duração que ajudam a atrair ou afastar todo tipo de energia. Esta em especial foi criada para atrair mais romance para a sua vida. Você pode substituir o quartzo transparente por qualquer um dos outros cristais.

QUANDO FAZER:
Sexta-feira ou durante a lua nova

QUANTO TEMPO LEVA:
30 minutos, mais um tempo de queima de 3 a 4 horas

ONDE FAZER:
Altar

INGREDIENTES E INSTRUMENTOS:
Caneta e papel
Pote de vidro pequeno ou médio com tampa
1 colher de sopa de pétalas de rosa secas
1 colher de sopa de raspas de laranja secas
1 colher de sopa de manjericão seco
1 esmeralda
1 granada
1 cristal de quartzo rosa
Fotografia do seu interesse amoroso (opcional)
Isqueiro ou fósforos
Vela pequena (10 cm) vermelha ou rosa

1. Purifique o seu altar.
2. Passe de 5 a 10 minutos escrevendo uma descrição de seu interesse amoroso ou uma carta de amor para si mesma.
3. Ponha o papel dentro do pote de vidro e concentre-se no seu propósito para atrair romance para sua vida.
4. Acrescente as pétalas de rosa, as raspas de laranja e o manjericão. Então adicione a esmeralda, a granada e o quartzo rosa junto com uma foto do seu interesse romântico, se quiser. Tampe o vidro.

(CONTINUA)

5. Acenda a vela e, segurando-a na horizontal, deixe a cera pingar na tampa do vidro. Deixe pingar até acumular cera suficiente para sustentar a vela em pé. Prenda-a ainda acesa na cera em cima da tampa e firme-a bem. Deixe a cera se solidificar ao redor da base da vela de modo a mantê-la em pé.
6. Enquanto a vela queima, concentre-se em perscrutar a chama (ver página 47) e medite sobre o seu propósito. Formas, avisos ou imagens podem surgir.
7. Deixe a vela queimar até o fim, lacrando suas intenções na garrafa.

Bonecos de relacionamento

Bonecos são uma forma divertida de exercer a criatividade na sua arte. Este feitiço pede que você fabrique uma dupla de bonecos representando você e seu amor ideal. Deixe-os no seu altar ou amarre-os um no outro com fita e guarde numa caixa.

QUANDO FAZER:
Sexta-feira ou durante a lua nova

QUANTO TEMPO LEVA:
30 minutos

ONDE FAZER:
Altar

INGREDIENTES E INSTRUMENTOS:
4 pedaços quadrados de tecido vermelho (ou de outra cor que represente você), 2 para cada boneco
Agulha de costura
Linha vermelha
Recheio sintético (fibra de poliéster) ou bolas de algodão
Lápis
Tesoura
1 colher de chá de flores de hibisco secas
1 colher de chá de pétalas de rosa secas
1 colher de chá de flores de jasmim secas
1 colher de chá de casca de salgueiro seca

1. Purifique o seu altar.
2. Purifique o pano, a agulha, a linha e o recheio.
3. Trace o contorno da frente e das costas do primeiro boneco nos pedaços de pano. Corte as formas com a tesoura.
4. Junte as duas partes. Costure rente à borda das duas peças para formar um boneco. Deixe alguns centímetros abertos e vire o boneco do avesso para esconder a costura.
5. Repita os passos 3 e 4 para fabricar o segundo boneco, que representará o seu amor. Se quiser, você pode fazer um boneco maior ou menor para diferenciar.

(CONTINUA)

6. Recheie os dois bonecos com o poliéster ou o algodão e as flores de hibisco, pétalas de rosa, flores de jasmim e casca de salgueiro. Energize cada ingrediente conforme for acrescentando.
7. Costure as aberturas de cada boneco. Imbua de intenção os bonecos prontos.

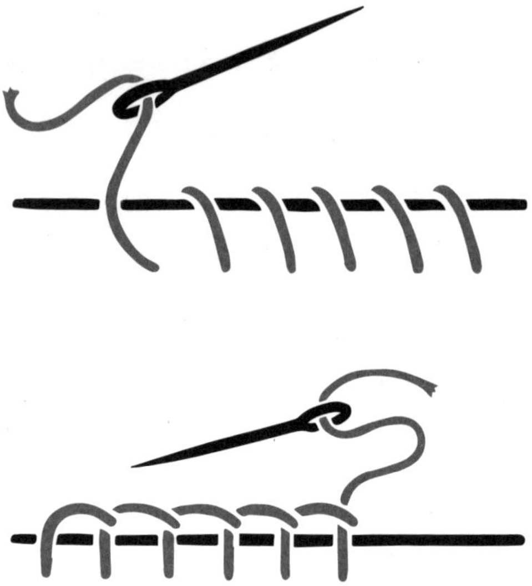

Perscrutação para o amor

Esta perscrutação, ou *scrying*, para o amor permitirá que você se conecte com o seu inconsciente e visualize imagens de parceiros e relações em potencial ou mensagens importantes. Uma vela roxa pode intensificar suas capacidades psíquicas e divinatórias, ao passo que uma vela vermelha ajuda a materializar o amor.

QUANDO FAZER:
Durante a lua negra ou nova

QUANTO TEMPO LEVA:
20 minutos

ONDE FAZER:
Altar

INGREDIENTES E INSTRUMENTOS:
Isqueiro ou fósforos
Vela roxa
Vela vermelha
Tigela escura
1 xícara de água energizada pela lua cheia (ver página 46)
Caneta e papel
Varinha ou athame

1. Purifique o seu altar.
2. Acenda as velas roxa e vermelha e concentre-se no seu propósito de perscrutar para o amor.
3. Pacientemente, permita-se adentrar um estado de concentração semelhante a um transe.
4. Abra os olhos e encare fixamente a tigela com água energizada, permitindo que sua mente seja preenchida por quaisquer mensagens ou imagens que surgirem. Continue se concentrando no seu propósito enquanto olha.
5. Procure cores e formas, ou escute as mensagens que surgirem. Anote o que vir usando a caneta e o papel.
6. Toque a superfície da água com a varinha ou o athame para criar ondulações que ajudarão a formar desenhos. Esses desenhos permitirão que você estimule imagens ou visões.
7. Não tenha pressa para visualizar as imagens; quanto mais você praticar a perscrutação, maior sua habilidade para vê-las.

Feitiço com espelho contra ciúme

O ciúme pode ser um sentimento destrutivo. Um espelho é o instrumento perfeito para ajudar a desviá-lo, pelo menos a curto prazo. Este feitiço utiliza um espelho e um boneco para afastar as emoções negativas que chegarem até você.

QUANDO FAZER:
Durante a lua negra

QUANTO TEMPO LEVA:
30 minutos

ONDE FAZER:
Altar

INGREDIENTES E INSTRUMENTOS:
2 pedaços de pano quadrados de uma cor que represente você
Agulha de costura
Linha de uma cor que represente você
Espelho
Foto pequena sua
Caixa pequena para guardar o boneco e o espelho
Lápis
Tesoura
Recheio sintético (fibra de poliéster) ou bolas de algodão
1 colher de chá de sal marinho ou sal negro
1 colher de chá de pimenta-do-reino
1 folha de louro
1 colher de chá de gengibre seco

1. Purifique o seu altar.
2. Purifique o pano, a agulha, a linha, o espelho, a foto e a caixa.
3. Trace o contorno da frente e das costas do seu boneco nos pedaços de pano. Use uma tesoura para recortar as formas.
4. Una os dois pedaços de pano. Costure rente à borda dos dois pedaços para formar um boneco. Deixe alguns centímetros abertos e vire seu boneco do avesso para esconder a costura.
5. Recheie os bonecos com fibra de poliéster ou o algodão, o sal, a pimenta-do-reino, a folha de louro, o gengibre e a foto.
6. Costure a abertura. Imbua o seu boneco de intenção.

7. Ponha o boneco e o espelho dentro da caixa e diga:

Com este espelho desvio e afasto
emoções indesejadas de ciúme.
Com este boneco absorvo e atraio
sentimentos indesejados nocivos para mim.

8. Mantenha o boneco e o espelho escondidos dentro da caixa, mas deixe a caixa perto de você.

CAPÍTULO 4

DINHEIRO E PROSPERIDADE

Os feitiços relacionados a dinheiro e prosperidade têm grande popularidade hoje em dia. Esta seção não fará você enriquecer da noite para o dia, mas ajudará a mudar sua mentalidade em relação ao dinheiro, a superar seus obstáculos relacionados às finanças e a atrair riqueza e prosperidade para a sua vida.

Pó do dinheiro

Este pó é ótimo para melhorar qualquer tipo de situação financeira. Salpique-o em volta de você para atrair mais dinheiro em casa, no trabalho, ou quando estiver jogando. Você também pode queimá-lo sobre uma pastilha de carvão em cima de um recipiente resistente ao calor para aumentar o poder de outros feitiços relacionados a prosperidade e dinheiro.

QUANDO FAZER:
Quinta-feira ou durante a lua crescente

QUANTO TEMPO LEVA:
15 minutos

ONDE FAZER:
Altar ou cozinha

INGREDIENTES E INSTRUMENTOS:
Pilão ou moedor
1 colher de sopa de camomila seca
1 colher de sopa de canela em pó
1 colher de sopa de cravo
1 colher de sopa de salsinha seca
Funil
Frasco ou pote de vidro com tampa

1. Purifique o seu altar ou o espaço da cozinha.
2. Com o pilão, moa a camomila, a canela, os cravos e a salsinha, estabelecendo um propósito específico de atrair dinheiro em sua vida.
3. Enquanto estiver moendo, repita quatro vezes o seguinte: *Cultivar abundância, multiplicar dinheiro.*
4. Use um funil para despejar as ervas moídas no vidro.
5. Seu pó está carregado e pronto para ser usado.

Sigilo da riqueza

Criar um sigilo do dinheiro sob medida pode ajudar você a atrair riqueza e abundância. Para começar este feitiço simples, tudo de que você precisa é sua imaginação, seu propósito e algo com que escrever. Usar uma caneta de tinta verde ajudará a potencializar o feitiço.

QUANDO FAZER:
Domingo, quinta-feira ou durante a lua crescente ou nova

QUANTO TEMPO LEVA:
10 minutos

ONDE FAZER:
Altar

INGREDIENTES E INSTRUMENTOS:
Caneta verde
2 folhas de papel

1. Purifique o seu altar.
2. Com a caneta verde, escreva na primeira folha as palavras *Traga riqueza.* Concentre-se no seu propósito.
3. Desconstrua as letras da expressão em elementos básicos, como curvas, pontos, riscos e linhas. Copie esses elementos abaixo da frase no mesmo papel.
4. Ainda na mesma folha de papel, combine os elementos para criar um desenho. Pode ser um quadrado, um coração, uma cruz ou um triângulo. Disponha qualquer círculo, arco ou traço que sobrar ao longo das linhas ou em volta do desenho. Esse desenho é o seu sigilo da riqueza.
5. Copie o sigilo da riqueza, agora codificado com o seu propósito, na segunda folha de papel. Leve-o sempre consigo.

Óleo Cresce-dinheiro

Gostaria de fazer o seu dinheiro se multiplicar? Você pode passar essa mistura de óleos na pele para ajudar a manter o foco de modo a conseguir melhorar suas finanças. Se tiver a pele sensível, lembre-se de fazer um teste antes. Também pode passar o óleo nas velas ou instrumentos para intensificar o poder de outros feitiços relacionados a dinheiro.

QUANDO FAZER:
Quinta-feira ou durante a lua crescente

QUANTO TEMPO LEVA:
15 minutos

ONDE FAZER:
Altar

INGREDIENTES E INSTRUMENTOS:
Frasco de vidro escuro pequeno com roll-on ou conta-gotas
2 colheres de sopa de óleo carreador, como de amêndoas ou jojoba
2 gotas de óleo essencial de gengibre
2 gotas de óleo essencial de sândalo
1 gota de óleo essencial de bergamota
1 gota de óleo essencial de patchuli
1 folha de louro
1 colher de sopa de lascas de canela

1. Purifique o seu altar.
2. Despeje o óleo carreador dentro do vidro.
3. Acrescente os óleos essenciais de gengibre, sândalo, bergamota e patchuli, um de cada vez. Conforme for colocando cada ingrediente, entoe a frase: *Dinheiro, aumente e multiplique.*
4. Junte a folha de louro e as lascas de canela.
5. Segure o frasco nas duas mãos e visualize a energia envolvendo-o. Carregue-o com a sua intenção.
6. Agite de leve o frasco antes de cada uso para garantir que os elementos estejam misturados. Use o óleo na pele, em amuletos ou em outros objetos.

Feitiço para cultivar a riqueza

Este feitiço usa o **óleo Cresce-dinheiro** (página 86) e um pé de hortelã, que você pode comprar em qualquer mercado que venda ervas. Ela é muito útil para atrair dinheiro e tem diversos usos. Um pé de hortelã é um investimento valioso para qualquer bruxa.

QUANDO FAZER:
Lua nova

QUANTO TEMPO LEVA:
15 minutos

ONDE FAZER:
Altar ou cozinha

INGREDIENTES E INSTRUMENTOS:
Pé de hortelã
4 objetos que representem cada um dos quatro elementos (por exemplo uma tigela com água, um pouco de terra, uma vela e uma vassoura)
Uma moeda ou amuleto relacionado a dinheiro
Óleo Cresce-dinheiro

1. Purifique o seu altar ou o espaço da cozinha.
2. Ponha o pé de hortelã em seu altar e o consagre. Para isso, passe-o pelos quatro elementos ou peça a eles para ajudarem na consagração. Os dois métodos utilizam seu desejo para purificar, carregar e abençoar. Você pode usar palavras ou pensar em silêncio na sua intenção.
3. Quando terminar, passe o **óleo Cresce-dinheiro** na moeda ou amuleto para carregá-los antes de usar. Coloque-o junto à base do pé de hortelã.
4. Feche os olhos e medite sobre o seu propósito para o pé de hortelã atrair e multiplicar dinheiro.
5. Você pode colher as folhas de hortelã ungidas e carregá-las como amuletos, ou usá-las em outros feitiços relacionados a dinheiro.

Nó encantado do dinheiro

Este feitiço com nó armazena e amarra sua intenção de atrair dinheiro em cada nó dado. Neste feitiço, você pode usar como incenso qualquer combinação de ervas relacionadas a dinheiro, entre elas manjericão, folha de louro, camomila, canela, cravo, endro ou gengibre.

QUANDO FAZER:
Quinta-feira ou durante a lua cheia ou crescente

QUANTO TEMPO LEVA:
30 minutos

ONDE FAZER:
Altar

INGREDIENTES E INSTRUMENTOS:
Isqueiro ou fósforos
Pó do dinheiro (página 84) ou uma mistura em pó de quaisquer ervas relacionadas a dinheiro
Pastilha de carvão
Recipiente resistente ao calor
3 velas réchaud verdes
1 pedaço de barbante (30 cm) verde, dourado ou branco

1. Purifique o seu altar.
2. Queime o **pó de dinheiro** sobre uma pastilha de carvão no recipiente resistente ao calor e disponha as velas em uma configuração triangular.
3. Acenda as velas e concentre-se na sua intenção de gerar mais dinheiro.
4. Dê cinco nós no seu barbante. Conforme for dando cada nó, diga:
   Pelo nó primeiro, o feitiço é certeiro.
   Pelo nó segundo, meu pedido ganha o mundo.
   Pelo terceiro nó na linha, que seja feita a vontade minha.
   Pelo nó quarto, o poder eu guardo.
   Pelo nó quinto, eu conduzo e sinto.
5. Deixe as velas queimando enquanto medita por 15 minutos, visualizando aquilo que deseja materializar.

Talismã da prosperidade

Este feitiço consagra e energiza uma joia com o seu propósito de prosperidade e riqueza. Esta versão específica usa um colar, mas você pode escolher qualquer joia, cristal, pedra ou outro pingente que preferir. Para intensificar o feitiço, use um colar de cristal ou de madeira. Use-o por baixo da roupa, escondido dos outros.

QUANDO FAZER:
Domingo ou durante a lua nova

QUANTO TEMPO LEVA:
15 minutos

ONDE FAZER:
Altar

INGREDIENTES E INSTRUMENTOS:
Colar
Pitada de hortelã seca
Vela votiva ou grossa branca ou verde
Isqueiro ou fósforos

1. Purifique o seu altar.
2. Purifique o colar.
3. Salpique a hortelã seca por cima da vela.
4. Acenda a vela e se concentre em visualizar suas propriedades relacionadas ao dinheiro.
5. Passe a joia pela fumaça e diga:
   Energizo este colar com prosperidade,
   para me atrair abundância e riqueza,
   e para me servir de modo sincero
   quando for usado escondido.
6. Permita que parte do seu poder penetre no objeto, energizando-o para ser usado.
7. Você pode usar a mesma vela para repetir o feitiço a cada poucos meses.

Feitiço para afastar dificuldades

Com este feitiço você pode afastar uma situação da qual deseja sair. Ele usa o elemento fogo para banir as dificuldades anotadas por você em uma folha de papel. Pode ser feito ao ar livre, em uma fogueira, ou dentro de casa, em um recipiente resistente ao calor.

QUANDO FAZER:
Lua minguante

QUANTO TEMPO LEVA:
20 minutos

ONDE FAZER:
Altar ou fogueira externa

INGREDIENTES E INSTRUMENTOS:
Caneta e papel
Isqueiro ou fósforos
Tigela resistente ao calor, se dentro de casa no altar
Fogueira externa, se ao ar livre

1. Purifique o seu altar ou a área da fogueira.
2. Medite por 10 minutos sobre o seu propósito de afastar as dificuldades.
3. Usando caneta e papel, escreva o que está afastando. Seja o mais específica possível.
4. Queime o pedaço de papel e ponha-o dentro da sua tigela resistente ao calor. Se estiver fazendo o feitiço ao ar livre, jogue o papel na fogueira.
5. Observe-o queimar e visualize sua dificuldade sendo queimada junto com ele.
6. Espalhe as cinzas no chão fora de casa. Despeça-se e se concentre em seguir em frente.

Água de lua da renda

Aumente sua renda com um feitiço usando água de lua. A lua cheia é uma fonte potente de energia, que torna este feitiço muito forte. Usar citrino pode acrescentar uma boa dose extra de energia para materializar resultados.

QUANDO FAZER:
Durante a lua cheia

QUANTO TEMPO LEVA:
15 minutos

ONDE FAZER:
Ao ar livre, de preferência sob o luar

INGREDIENTES E INSTRUMENTOS:
3 moedas
1/2 xícara de água
Tigela pequena
4 cristais de citrino
Funil
Pote de vidro pequeno

1. Purifique o espaço externo que vai ser o seu altar.
2. Purifique as moedas para remover energias velhas ou indesejadas.
3. Ponha a água na tigela. Disponha os cristais de citrino dentro da tigela no formato de um losango.
4. Ponha as moedas purificadas dentro da tigela com água e entoe:
   Lua brilhante, carregue e infunda;
   moedas reluzentes, sejam as musas;
   água cintilante, agora transfunda.
5. Deixe os cristais e a água se energizarem por completo. Então, com o funil, transfira a água para o pote de vidro.
6. Seus cristais de citrino e sua água de lua agora estão prontos. Use o citrino para criar um **talismã da prosperidade** (página 89) ou como amuleto. Use a água energizada pela lua cheia para abençoar seus feitiços que incluam plantas, oferendas ou banhos.

Arroz de materialização da riqueza

Todos nós às vezes precisamos materializar um pouco de riqueza extra em nossas vidas. Este feitiço tem raízes na magia popular e usa arroz por conta dos seus atributos relacionados ao dinheiro e à prosperidade.

QUANDO FAZER:
Durante a lua nova ou crescente

QUANTO TEMPO LEVA:
15 minutos, mais 12 horas para secar

ONDE FAZER:
Cozinha

INGREDIENTES E INSTRUMENTOS:
1 xícara de arroz branco cru
2 tigelas médias
1 colher de sopa de **água de lua da renda** (página 91)
1 colher de chá de corante alimentar verde
Papel-toalha
1/4 de xícara de notas de dinheiro picadas
1 colher de sopa de canela
Pote de vidro grande com tampa

1. Purifique a cozinha.
2. Purifique o arroz.
3. Em uma das tigelas, misture completamente o arroz, a **água de lua da renda** e o corante enquanto se concentra no seu propósito.
4. Despeje a mistura sobre o papel-toalha. Deixe secar por cerca de 12 horas.
5. Na outra tigela, combine a mistura de arroz verde já seca com as notas de dinheiro picadas e a canela. Despeje a mistura no pote de vidro e tampe.
6. Salpique o arroz da materialização do dinheiro à sua volta ou carregue sempre um punhado como amuleto.

Feitiço de materialização do chá do luxo

Durante períodos de estresse financeiro, preparar uma xícara de chá pode ser um bom ritual. Com este chá encantado sabor hortelã, você pode se transportar para o luxo. Ele pode ser usado sempre que quiser materializar o luxo em sua vida. Tudo de que precisa é um punhado de hortelã e alguns utensílios de cozinha comuns.

QUANDO FAZER:
Domingo ou durante a lua nova

QUANTO TEMPO LEVA:
15 minutos

ONDE FAZER:
Cozinha

INGREDIENTES E INSTRUMENTOS:
Panela pequena
1 xícara de água
1 colher de sopa de hortelã seca ou 2 colheres de sopa de hortelã fresca
Pano de musselina ou coador
Xícara para beber

1. Purifique a cozinha.
2. Na panela, ferva a água enquanto afirma sua intenção.
3. Tire a panela do fogo.
4. Se estiver usando hortelã fresca, segure as folhas entre as mãos e amasse de leve para liberar seu aroma. Ponha a hortelã na panela. Deixe descansar por 10 minutos enquanto medita sobre o seu propósito.
5. Coe o chá em uma xícara. Movimente as mãos no sentido horário e diga:
   Preparo este chá para obter o que necessito,
   e encho esta xícara para garantir o que desejo.
6. Sinta a energia se fundindo com o chá. Beba e saboreie.

Banho ritual do dinheiro com leite e mel

Finanças saudáveis começam com a atitude certa. Este ritual de banho pode eliminar preocupações e temores relacionados ao dinheiro e permitir que uma energia saudável crie raízes. Faça-o antes de qualquer feitiço relacionado ao dinheiro para restabelecer o seu propósito e a sua energia.

QUANDO FAZER:
Domingo, quinta-feira ou durante a lua nova

QUANTO TEMPO LEVA:
45 minutos

ONDE FAZER:
Banheiro

INGREDIENTES E INSTRUMENTOS:
2 xícaras de leite integral
1/2 xícara de mel
Tigela grande
Isqueiro ou fósforos
Vela grossa branca

1. Purifique o banheiro.
2. Encha a banheira com água morna ou quente.
3. Enquanto a banheira estiver enchendo, misture o leite com o mel na tigela e concentre-se no seu propósito de recuperar suas finanças.
4. Acenda a vela e ponha-a em um lugar seguro por perto.
5. Despeje na banheira a mistura de leite e mel.
6. Fique no banho por 30 minutos. Concentre-se em restabelecer sua atitude em relação ao dinheiro. Livre-se de medos e preocupações.
7. Após 30 minutos, esvazie a banheira e apague a vela.
8. Faça este ritual sempre que precisar.

Observação: O feitiço também pode ser realizado no chuveiro. Em vez da imersão na banheira, basta despejar devagar a mistura pelo corpo com um jarro e não enxaguar.

Maçã encantada da fortuna

Maçãs podem trazer fortuna para sua vida na forma de imóveis, dinheiro e outros bens, objetos e prosperidade. Este feitiço leva umas três semanas para operar sua magia e, quando pronto, constitui um forte amuleto mágico.

QUANDO FAZER:
Durante a lua nova

QUANTO TEMPO LEVA:
20 minutos no primeiro dia, depois 5 minutos por dia durante 3 semanas

ONDE FAZER:
Altar

INGREDIENTES E INSTRUMENTOS:
Isqueiro ou fósforos
Vela verde
Espeto de madeira ou metal
Maçã verde
20 cravos
1 colher de chá de canela em pó
1 colher de chá de noz-moscada
1 colher de chá de gengibre em pó
1 colher de chá de pimenta-da-jamaica
1 colher de chá de raiz de íris em pó (opcional)
Tigela pequena

1. Purifique o seu altar.
2. Acenda a vela enquanto se concentra no seu propósito.
3. Use o espeto para fazer na sua maçã furos grandes o suficiente para poder espetar os cravos.
4. Preencha os furos com os cravos inteiros. Enquanto estiver fazendo isso, diga em voz alta as coisas boas que deseja trazer para sua vida.
5. Na tigela, misture a canela, a noz-moscada, o gengibre, a pimenta-da-jamaica e a raiz de íris e ponha no seu altar.
6. Role a maçã cravejada de cravos na tigela de especiarias por 5 minutos diariamente durante três semanas. Enquanto estiver rolando a maçã, medite sobre o seu propósito. Isso permitirá que a fruta seque (em vez de murchar) e seja infundida com a sua intenção.
7. Deixe sua maçã encantada no altar.

Água purificadora para dívidas

Dívidas podem ser um fardo pesado. Esta água purificadora é perfeita para ajudar a levar embora os fardos financeiros de modo que você possa avançar na vida em vez de andar para trás. Você pode usá-la para lavar as mãos ou para desenhar sigilos invisíveis nas suas janelas.

QUANDO FAZER:
Durante a lua negra

QUANTO TEMPO LEVA:
20 minutos

ONDE FAZER:
Altar ou cozinha

INGREDIENTES E INSTRUMENTOS:
1 xícara de água destilada ou de água da torneira fervida em temperatura ambiente
Funil
Garrafa de vidro escuro grande
6 gotas de óleo essencial de bergamota
3 gotas de óleo essencial de cedro
3 gotas de óleo essencial de patchuli

1. Purifique o seu altar ou o espaço da cozinha.
2. Despeje a água dentro da garrafa e acrescente os óleos essenciais de bergamota, cedro e patchuli. Agite para misturar.
3. Enquanto estiver agitando a mistura, infunda nela seu propósito de se livrar das dívidas. Se ajudar, segure a garrafa entre as duas mãos e visualize sua energia envolvendo-a e se tornando parte do líquido.
4. Lave as mãos com esta água antes e depois de pagar, abrir e usar cartões de crédito, empréstimos e contas. Agite antes de cada uso.

Enfeite de parede da prosperidade

Convide a riqueza para o lar com um enfeite de parede da prosperidade. Este enfeite usa a magia dos nós para manter e intensificar o seu propósito de atrair e magnetizar com os elementos da terra. Pendure-o no quarto, no escritório, no centro da sua casa ou do seu local de trabalho.

QUANDO FAZER:
Domingo, quinta-feira ou durante a lua minguante ou nova

QUANTO TEMPO LEVA:
30 minutos

ONDE FAZER:
Altar

INGREDIENTES E INSTRUMENTOS:
Novelo de barbante ou lã verde ou dourada
Graveto de 30 cm catado no chão
Miçangas ou amuletos de metal (opcional)
Tesoura
3 a 4 ramos de manjericão fresco
3 a 4 ramos de tomilho fresco

1. Purifique o seu altar.
2. Purifique o barbante, o graveto e as miçangas.
3. Corte o barbante em no mínimo trinta pedaços de aproximadamente 45 a 55 cm. Amarre os barbantes no graveto que você catou usando nós simples.
4. Enquanto estiver dando cada nó, diga:
   Uno cada um destes barbantes para atrair e trazer mais prosperidade para esta morada.

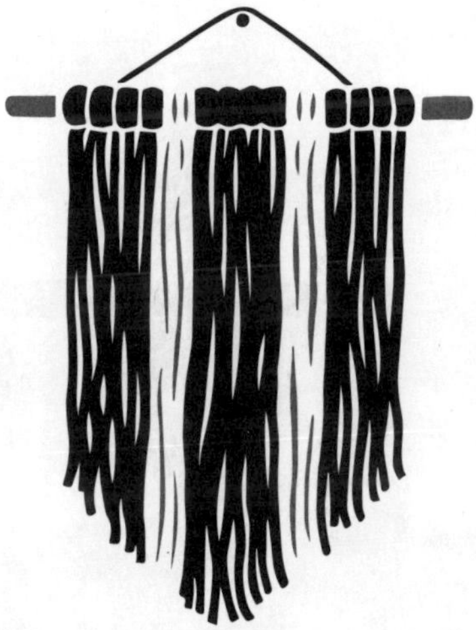

5. Você talvez precise de mais barbantes para ocupar todo o comprimento do graveto com nós. Deixe as duas pontas vazias.

(CONTINUA)

6. Corte um pedaço de barbante com uma vez e meia o comprimento do seu graveto e amarre-o nas duas pontas. Use esse barbante para pendurar seu enfeite na parede.
7. Concentre-se no seu propósito e amarre nos barbantes do enfeite o manjericão, o tomilho, as miçangas e os amuletos (se estiver usando).
8. Repita este feitiço a cada poucos meses para recarregar o seu enfeite de parede.

Feitiço do envelope de dinheiro

Este é um feitiço de dinheiro de longa duração que consiste em oferecer à terra uma moeda e cuidar dela para poder receber em troca riquezas. Ele requer tempo e dedicação, preparando o caminho para recompensa e resultado ainda melhores.

QUANDO FAZER:
Quinta-feira ou na lua crescente ou cheia

QUANTO TEMPO LEVA:
45 minutos

ONDE FAZER:
Altar e ao ar livre

INGREDIENTES E INSTRUMENTOS:
Moeda pequena ou nota de dinheiro
Isqueiro ou fósforos
Vela réchaud ou votiva verde ou branca
Pó do dinheiro (página 84) ou **óleo Cresce-dinheiro** (página 86)
Envelope de sementes de papel, ou qualquer recipiente biodegradável (por exemplo uma caixa de ovos) e sementes

1. Purifique o seu altar ou espaço externo.
2. Purifique a moeda ou a nota.
3. Acenda a vela, concentre-se no seu propósito e levante energia para a moeda ou a nota.
4. Passe o **pó do dinheiro** ou o **óleo Cresce-dinheiro** na moeda ou nota.
5. Ponha a moeda ou nota dentro do envelope de sementes. Se estiver usando uma caixa de ovos ou outro recipiente biodegradável no lugar do envelope, despeje as sementes dentro dele e ponha lá dentro a moeda ou a nota encantada. Se quiser dar um empurrãozinho no feitiço, sinta-se livre para germinar as sementes antes de plantá-las.
6. Antes de sair de casa, apague a vela. Então encontre um lugar ao ar livre para plantar o seu envelope de dinheiro.

(CONTINUA)

7. Purifique o local. Medite sobre o seu propósito por no mínimo 10 minutos, permitindo-se estabelecer uma conexão com a terra.
8. Quando estiver pronta, cave um buraco e plante sua oferenda enquanto diz:

   Ofereço à terra esta moeda e estas sementes em troca de mais abundância.
9. Cuide da sua oferenda para que ela cresça.

Garrafa encantada do dinheiro

Esta garrafa encantada é perfeita para chamar mais dinheiro em sua vida. É um feitiço de longa duração, que permite à riqueza se acumular ao longo de um período prolongado. Para que a garrafa funcione, coloque-a no seu altar ou perto dele, ou então no seu local de trabalho.

QUANDO FAZER:
Quinta-feira ou durante a lua nova

QUANTO TEMPO LEVA:
30 minutos, mais 3 a 4 horas de tempo de queima

ONDE FAZER:
Altar

INGREDIENTES E INSTRUMENTOS:
Caneta e papel
Pote de vidro pequeno ou médio com tampa
1 colher de sopa de camomila
1 colher de sopa de manjericão seco
1 colher de sopa de gengibre moído
Cristal de citrino
Pirita
Cristal de quartzo transparente
Dinheiro ou amuletos relacionados a dinheiro (opcional)
Isqueiro ou fósforos
Vela pequena (10 cm) verde, dourada ou branca

1. Purifique o seu altar.
2. Na folha de papel, escreva uma carta explicando por que deseja atrair mais dinheiro.
3. Ponha a carta dentro do vidro e concentre-se no seu propósito.
4. Acrescente a camomila, o manjericão, o gengibre, o citrino, a pirita e o quartzo transparente. Se quiser, junte dinheiro ou um amuleto relacionado a dinheiro. Feche o vidro.

(CONTINUA)

5. Acenda a vela e segure-a na horizontal, deixando um pouco da cera escorrer sobre a tampa do vidro. Deixe escorrer cera suficiente para poder manter a vela em pé. Cole-a ainda acesa na cera em cima da tampa e firme-a bem. Deixe a cera se solidificar ao redor da vela para mantê-la em pé.
6. Enquanto a vela queima, concentre-se em perscrutar a chama (ver página 47) e medite sobre o seu propósito. Formas, mensagens ou imagens podem surgir.
7. Deixe a vela queimar até o fim, selando o seu propósito dentro do vidro.

Mandala de cristais para materializar dinheiro

Uma mandala relacionada a dinheiro intensificará o seu poder por meio de cristais energizados dispostos em um formato geométrico. Você pode substituir o quartzo transparente por qualquer outro cristal. Se tiver muitos cristais à disposição, acrescente olho de tigre e pirita.

QUANDO FAZER:
Quinta-feira ou durante a lua crescente

QUANTO TEMPO LEVA:
30 minutos

ONDE FAZER:
Altar

INGREDIENTES E INSTRUMENTOS:
Caneta e papel
8 cristais das seguintes variedades: citrino, cornalina, aventurina ou quartzo transparente
Varinha ou athame

1. Purifique o seu altar.
2. Use a caneta e o papel para desenhar um formato que vier em sua intuição. Para materializar dinheiro, muitas pessoas criam um formato com três círculos entrelaçados. Não ponha ainda os cristais sobre o desenho; você fará isso no passo 4.
3. Segure os cristais com as duas mãos e visualize sua energia e o seu propósito se misturando a eles. Diga a afirmação que quiser, como por exemplo: *Energizo estes cristais para materializar dinheiro em minha vida.*
4. Use os cristais para repetir o desenho criado no passo 2. Posicione os cristais nos pontos em que as suas linhas se cruzam.
5. Use sua varinha ou athame para ativar o desenho. Direcione sua energia para unir os cristais um ao outro. Diga: *Uno esta mandala para atrair mais dinheiro em minha vida.*
6. Sente-se, recoste-se na cadeira, feche os olhos e medite sobre o seu propósito por 10 minutos.
7. Deixe sua mandala montada enquanto quiser que ela fique ativa. A cada poucos dias, volte a unir os cristais e diga em voz alta o seu propósito.

Sabonete de aveia da prosperidade

Um sabonete da prosperidade energizado é ideal para ser usado todos os dias no chuveiro ou na banheira de modo a irradiar propósitos relacionados a riqueza, dinheiro e prosperidade. A aveia é muito benéfica nos feitiços ligados à prosperidade, e este sabonete tem a vantagem adicional de ser hidratante, livre de químicas e bom para a pele. É também um belo presente mágico.

QUANDO FAZER:
Durante a lua nova

QUANTO TEMPO LEVA:
30 a 45 minutos, mais de 3 a 4 horas para solidificar

ONDE FAZER:
Cozinha

INGREDIENTES E INSTRUMENTOS:
Pilão ou moedor
3/4 de xícara de aveia em flocos
Faca afiada
500 g de base para sabonete de glicerina ou de leite
Medidor grande que vá ao micro-ondas
Tigela média
Colher de pau
1 colher de sopa de mel
16 gotas de óleo essencial de lavanda
4 gotas de óleo essencial de bergamota
1 colher de sopa de argila verde, para uma cor verde natural (opcional)
Molde de silicone para sabonete

1. Purifique o espaço da cozinha.
2. Use o pilão para moer a aveia até transformá-la em um pó fino. Concentre-se no seu propósito enquanto estiver moendo.
3. Corte sua base de sabonete em pedaços grandes. Ponha os pedaços dentro de um medidor que vá ao micro-ondas.
4. Leve a base ao micro-ondas por intervalos de 30 segundos até ela derreter por completo. Não deixe ferver.

5. Na tigela média, misture a aveia moída, o mel e os óleos essenciais de lavanda e bergamota. Enquanto mexe, infunda sua energia na mistura e diga:

   Óleos, aveia e mel,
   misturem-se para gerar prosperidade.

   Acrescente a base para sabonete derretida. Se quiser, misture a argila verde para obter uma cor natural. Sinta-se à vontade para customizar o sabonete acrescentando algumas ervas. (Elas podem fazer o seu sabonete amarelar com o tempo.)

6. Despeje a mistura no molde de silicone e deixe assentar por 3 a 4 horas.

7. Retire o sabonete do molde.

Feitiço com vela de nove dias para dinheiro

Às vezes os feitiços ligados a dinheiro precisam de um tempo maior para operar sua magia. Este é um feitiço simples com vela que funciona durante um longo período. Dedique 15 minutos diários durante nove dias para permitir que o poder deste feitiço aumente devagar.

QUANDO FAZER:
Durante a lua minguante ou nova

QUANTO TEMPO LEVA:
15 minutos por dia durante 9 dias

ONDE FAZER:
Altar

INGREDIENTES E INSTRUMENTOS:
Vela grossa verde
Vela grossa branca
2 colheres de sopa de óleo carreador, como azeite
6 gotas de óleo essencial de bergamota
1 colher de sopa de manjericão ou hortelã seca
Isqueiro ou fósforos

1. Purifique o seu altar.
2. Purifique as velas.
3. Misture o óleo carreador com o óleo essencial de bergamota, concentrando-se no seu propósito.
4. Ponha as velas no altar a uns 20 cm uma da outra. A vela branca representa você; a vela verde representa o dinheiro que você está atraindo.
5. Com os dedos, besunte a vela verde com a mistura de óleos. Comece pelo alto da vela e vá descendo para intensificar a energia da atração. Não passe óleo no pavio.
6. Salpique o manjericão ou a hortelã na vela verde para ungi-la e lhe conferir poder.
7. Acenda as duas velas e feche os olhos. Medite sobre o seu propósito durante 15 minutos e diga:
   Vela do capital, venha a mim;
   hortelã do dinheiro, teça e vigie;
   eu hoje desejo para que assim venha a ser.

8. O primeiro dia está concluído.

9. Repita o feitiço por mais oito dias. Diariamente, aproxime a vela verde da branca uns 2 cm e salpique-a de manjericão ou hortelã. No nono dia as duas irão se encontrar.

CAPÍTULO 5

TRABALHO E CARREIRA

Feitiços relacionados ao trabalho e à carreira podem aliviar os fatores de estresse e as sobrecargas no trabalho e com os colegas. Esta seção não vai trazer o emprego dos seus sonhos da noite para o dia, mas vai ajudar a aumentar a sua autoconfiança, facilitar a busca da realização e melhorar seu astral. Se estiver saindo para uma entrevista de emprego, abrindo um negócio ou aos poucos galgando os degraus de uma carreira, estes feitiços poderão ajudar.

Sachê encantado da autoconfiança

Este sachê encantado vai ajudar você a atrair autoconfiança quando estiver duvidando de si. Todos os cristais e ervas usados neste feitiço têm propriedades associadas ao aumento da autoconfiança.

QUANDO FAZER:
Terça, quinta-feira ou domingo durante a lua crescente ou nova

QUANTO TEMPO LEVA:
20 minutos

ONDE FAZER:
Altar

INGREDIENTES E INSTRUMENTOS:
Pilão ou moedor
1 colher de sopa de tomilho seco
1 colher de sopa de flores de milefólio secas
Quadrado de pano laranja com 20 cm
Pedra de hematita
Cristal de granada
Barbante laranja

1. Purifique o seu altar.
2. Use o pilão ou moedor para esmagar levemente o tomilho e as flores de milefólio de modo a liberar seus aromas.
3. Despeje a mistura moída sobre o pano laranja, concentrando-se no seu propósito.
4. Energize as pedras de hematita e granada, coloque-as em cima do pano e diga:
   Com cada pedra eu construo e crio
   um estado de autoconfiança e prosperidade.
5. Feche o pano e amarre-o com o barbante para selar dentro dele o seu propósito.
6. Seu sachê está energizado com seu propósito. Carregue-o sempre com você.

Pó da concórdia

Apazigue um conflito no trabalho com este pó da concórdia. Ele usa pedras calmantes, sal para afastar negatividade e ervas com propriedades ligadas à felicidade e ao relaxamento. Este pó pode ser carregado em um vidrinho, salpicado pelo local em que o conflito está ocorrendo, ou queimado no seu altar em uma pastilha de carvão sobre um recipiente resistente ao calor.

QUANDO FAZER:
Sexta-feira ou durante a lua nova

QUANTO TEMPO LEVA:
15 minutos

ONDE FAZER:
Altar ou cozinha

INGREDIENTES E INSTRUMENTOS:
1 colher de sopa de lavanda seca
1 colher de sopa de erva-de-são-joão seca
1 colher de sopa de ulmária seca
Pilão ou moedor
1 colher de sopa de sal marinho ou sal negro
Funil
Pote de vidro com tampa

1. Purifique o seu altar ou o espaço da cozinha.
2. Ponha a lavanda, a erva-de-são-joão e a ulmária no pilão ou moedor, concentrando-se no seu propósito.
3. Enquanto estiver moendo as ervas, entoe três vezes:
   Apaziguar, acalmar, tranquilizar, solucionar.
4. Salpique o sal na mistura de ervas e misture.
5. Use o funil para despejar o pó no pote de vidro.
6. Seu pó está energizado e pronto para ser usado.

Perscrutação para a realização

Está em busca de realização? A perscrutação, ou *scrying*, da realização é um ótimo jeito de se conectar com seu inconsciente e visualizar imagens ou receber mensagens. Este feitiço usa água energizada pela lua cheia, uma vela para intensificar as suas capacidades psíquicas e outra vela para a realização.

QUANDO FAZER:
Durante a lua negra ou a lua nova

QUANTO TEMPO LEVA:
25 minutos

ONDE FAZER:
Altar

INGREDIENTES E INSTRUMENTOS:
Tigela escura com água energizada pela lua cheia (ver página 46)
Vela roxa
Vela votiva ou grossa amarela
Isqueiro ou fósforos
Caneta e papel
Varinha ou athame

1. Purifique o seu altar.
2. Ponha a tigela com água no centro do seu altar. Ponha uma das velas à esquerda da tigela e a outra à direita.
3. Acenda as velas e concentre-se no seu propósito.
4. Medite por 10 minutos. Permita-se atingir um estado de concentração semelhante a um transe.
5. Abra os olhos e encare fixamente a tigela com água, permitindo que as imagens surjam na sua mente. Diga:
   Revele-me a visão ainda não vista
   e as possibilidades previstas.
6. Procure cores, formas ou mensagens que possam vir. Use caneta e papel para fazer anotações.
7. Agite a varinha ou athame na superfície da água para formar ondulações que ajudarão a criar formas. Essas formas ajudarão a estimular imagens ou visões. Não tenha pressa para ver as imagens. Quanto mais você praticar a perscrutação, melhor vai ficar.

Óleo encantado da renúncia

Algum projeto que você deseje abandonar ou emprego que precise largar? Este feitiço lhe dará o empurrãozinho necessário para tomar essas difíceis decisões. Você vai fabricar uma mistura que combina óleos e ervas energizados com o seu propósito.

QUANDO FAZER:
Terça, quarta ou quinta-feira

QUANTO TEMPO LEVA:
15 minutos

ONDE FAZER:
Altar

INGREDIENTES E INSTRUMENTOS:
2 colheres de sopa de óleo carreador, como óleo de amêndoas ou azeite
Frasco pequeno de vidro escuro com roll-on ou conta-gotas
2 gotas de óleo essencial de alecrim
2 gotas de óleo essencial de cardamomo
1 gota de óleo essencial de abeto
1 gota de óleo essencial de pinheiro
1 colher de chá de tomilho seco
1 colher de chá de flores de milefólio secas

1. Purifique o seu altar.
2. Despeje o óleo carreador no frasco com roll-on ou conta-gotas.
3. Acrescente os óleos essenciais de alecrim, cardamomo, abeto e pinheiro, um de cada vez, e diga:
   Nervosismo, desfaça-se e afaste-se,
   permita-me tomar as decisões que importam.
4. Acrescente o tomilho e as flores de milefólio.
5. Segure o frasco entre as duas mãos e visualize a energia envolvendo-o. Carregue-o com a energia do seu propósito.
6. Agite antes de cada uso. Use o óleo nos pontos de pulsação do corpo, na pele ou para ungir objetos.

Feitiço de sonho da promoção

Não fique presa no mesmo emprego deixando passar as promoções. Use este feitiço de sonho para criar um saquinho especial a ser colocado sob o travesseiro para alavancar a sua carreira enquanto você dorme. Se for iniciante em matéria de costura, recomendo usar um feltro grosso e agulha e linha de bordado em vez de agulha e linha de costura normais.

QUANDO FAZER:
Quinta-feira, domingo ou durante a lua nova ou cheia

QUANTO TEMPO LEVA:
15 minutos

ONDE FAZER:
Altar

INGREDIENTES E INSTRUMENTOS:
Caneta e papel
2 pedaços de pano quadrados (13 cm)
Agulha de costura
Linha
Recheio sintético (fibra de poliéster) ou bolas de algodão
1 colher de sopa de lavanda seca
1 colher de sopa de alecrim seco

1. Purifique o seu altar.
2. Usando caneta e papel, escreva um bilhete descrevendo o que deseja em um emprego.
3. Junte os pedaços de tecido.
4. Use a agulha e a linha para costurar rente à borda dos quadrados de tecido e formar um saquinho, deixando alguns centímetros abertos para poder virá-lo do avesso e esconder a costura.
5. Encha o saquinho com seu bilhete, o poliéster ou o algodão, e a lavanda e alecrim. Concentre-se no seu propósito.
6. Costure os últimos centímetros para selar seu propósito dentro do saquinho.
7. Ponha o saquinho debaixo do travesseiro durante a noite. Antes de dormir, pergunte-lhe: *O que posso fazer para conseguir uma promoção?* A resposta se revelará nos seus sonhos.

Feitiço da paz no trabalho

A política do escritório está afetando você? Lance este feitiço simples para irradiar a sua intenção de criar paz no ambiente de trabalho. Tudo de que precisa é um cristal de granada, óleo essencial de gardênia e uma vela cinza. Este feitiço funciona melhor quando você leva o cristal encantado para o seu trabalho.

QUANDO FAZER:
Domingo ou durante a lua nova

QUANTO TEMPO LEVA:
15 minutos

ONDE FAZER:
Altar

INGREDIENTES E INSTRUMENTOS:
3 gotas de óleo essencial de gardênia
Isqueiro ou fósforos
Vela votiva ou réchaud cinza
Cristal de granada

1. Purifique o seu altar.
2. Despeje o óleo essencial de gardênia sobre a vela para ungi-la com uma energia de paz. Não deixe cair óleo no pavio.
3. Acenda a vela e passe a granada pela fumaça da chama para imbuí-la com as propriedades do óleo e da vela.
4. Ponha a granada na sua frente e diga:
   Paz suave, eu a invoco para que encontre o seu caminho.
   Adentre meu local de trabalho e disperse a confusão.
5. Medite por 10 minutos antes de apagar a vela.
6. Leve a granada encantada com você para promover paz.

Feitiço para comunicação entre colegas de trabalho

Prepare este feitiço para facilitar a comunicação entre você e seus colegas de trabalho. Ele utiliza um espelho, uma mistura de óleos e um cristal para fortalecer as suas intenções. Use o óleo no pescoço sempre que quiser incentivar uma comunicação melhor.

QUANDO FAZER:
Quarta-feira ou durante a lua minguante

QUANTO TEMPO LEVA:
15 minutos

ONDE FAZER:
Altar

INGREDIENTES E INSTRUMENTOS:
Isqueiro ou fósforos
Vela amarela
2 colheres de sopa de óleo carreador
Frasco pequeno de vidro escuro com conta-gotas
2 gotas de óleo essencial de lavanda
2 gotas de óleo essencial de sálvia
2 gotas de óleo essencial de hortelã
Espelho

1. Purifique o seu altar.
2. Acenda uma vela amarela e concentre-se no seu propósito.
3. Despeje o óleo carreador em um frasco de conta-gotas e acrescente os óleos essenciais de lavanda, sálvia e hortelã.
4. Segure o frasco nas duas mãos e visualize a sua energia envolvendo-o e energizando-o com o seu poder. Você criou um óleo de comunicação.
5. Pingue três gotas do óleo de comunicação no seu pescoço. Olhe-se no espelho e diga:
   Quando eu olhar neste espelho,
   empodere minhas palavras para que sejam mais claras.
6. Repita conforme necessário.

Feitiço energizante

Está se desgastando no trabalho ou em casa? Este feitiço intensifica e aumenta sua energia de modo a manter seu foco e favorecer a realização de tarefas difíceis, chatas ou extenuantes.

QUANDO FAZER:
A qualquer momento em que você precise de uma dose a mais de energia

QUANTO TEMPO LEVA:
20 minutos

ONDE FAZER:
Altar

INGREDIENTES E INSTRUMENTOS:
Caneta e papel
Tesoura
Caldeirão ou tigela resistente ao calor
1/2 colher de sopa de gengibre seco
1/2 colher de sopa de canela em pó
Pote de vidro pequeno

1. Purifique o seu altar.
2. Anote na folha de papel as tarefas que gostaria de realizar.
3. Feche os olhos e concentre-se em elevar sua energia.
4. Corte a folha de papel em pedacinhos e jogue-os no recipiente resistente ao calor.
5. Salpique o gengibre seco e a canela em pó no recipiente e diga: *Especiarias, fortaleçam e empoderem meus desejos.*

(CONTINUA)

6. Acenda um fósforo, jogue dentro do recipiente e diga:
   Energia, cresça até este fogo se apagar.

7. Deixe o fogo se extinguir e ponha as cinzas no pote de vidro. Salpique as cinzas à sua volta quando precisar de uma dose a mais de energia.

Feitiço para a memória

Você tem muitas coisas para lembrar? Use este feitiço simples de 5 minutos para ajudar a memorizar e recordar detalhes, ideias ou tarefas importantes no trabalho.

QUANDO FAZER:
A qualquer momento

QUANTO TEMPO LEVA:
5 minutos

ONDE FAZER:
No trabalho

INGREDIENTES E INSTRUMENTOS:
Cristal
Caneta

1. Energize o cristal deixando-o sob a luz de uma lua cheia. Se não tiver tempo de esperar uma lua cheia, energize o cristal segurando-o na mão.
2. Purifique a sua caneta. Feche os olhos e visualize uma luz branca.
3. Segure o cristal na mão esquerda e a caneta na direita.
4. Visualize sua energia pulsando e crescendo até conseguir movimentá-la. Use a energia do cristal para ajudar.
5. Envolva a caneta com a sua energia, concentrando-se no seu propósito.
6. Após alguns minutos, você deverá sentir um calor se irradiar da caneta. Isso significa que a energia foi transferida.
7. Sua caneta está energizada e pronta para ser usada sempre que você quiser recordar tarefas ou detalhes.

Óleo antiprocrastinação

Você vive procrastinando? Então, este simples óleo antiprocrastinação é perfeito para você. Pode ser usado nos seus pontos de pulsação, acrescentado a um difusor de óleos aromáticos ou utilizado para ungir instrumentos de modo a aumentar seu foco e proteger você contra a procrastinação no ambiente de trabalho.

QUANDO FAZER:
Quarta-feira ou durante a lua crescente

QUANTO TEMPO LEVA:
15 minutos

ONDE FAZER:
Altar

INGREDIENTES E INSTRUMENTOS:
2 colheres de sopa de óleo carreador, como azeite ou óleo de amêndoas
Frasco de vidro escuro pequeno com roll-on ou conta-gotas
2 gotas de óleo essencial de grapefruit
2 gotas de óleo essencial de hortelã
1 gota de óleo essencial de limão siciliano
1 gota de óleo essencial de alecrim

1. Purifique o seu altar.
2. Despeje o óleo carreador no frasco de vidro.
3. Acrescente os óleos essenciais de grapefruit, hortelã, limão siciliano e alecrim, um de cada vez. Enquanto estiver acrescentando cada um, diga: *Leve embora os atrasos.*
4. Segure o frasco entre as mãos e visualize a energia envolvendo-o. Energize-o com o seu propósito.
5. Quando usar o óleo, concentre-se em acessar o seu propósito.

Feitiço com vela do sigilo da criatividade

Você está com um bloqueio criativo? Este feitiço é ideal para desbloquear sua imaginação e fazê-la florescer. É perfeito para ajudar você a trabalhar em projetos que exijam um fluxo criativo contínuo. Usa-se uma vela de cor laranja, porque o laranja é a cor da criatividade e da energia.

QUANDO FAZER:
Durante a lua crescente

QUANTO TEMPO LEVA:
30 minutos

ONDE FAZER:
Altar

INGREDIENTES E INSTRUMENTOS:
Caneta
2 folhas de papel
Faca ou marcador permanente
Vela grossa laranja
1 colher de chá de pimenta-do-reino
1 colher de sopa de raspas de laranja
Isqueiro ou fósforo

1. Purifique o seu altar.
2. Escreva na primeira folha de papel a palavra *criatividade*.
3. Desconstrua as letras da palavra em elementos básicos, como curvas, pontos, riscos e linhas. Copie esses traços abaixo da palavra. Na mesma folha, combine os elementos para formar um desenho. Pode ser um quadrado, um coração, uma cruz ou um triângulo. Copie quaisquer círculos, arcos e riscos que sobrarem rente às linhas ou ao redor do desenho. Esse desenho é o seu sigilo da criatividade.
4. Grave ou desenhe o sigilo da criatividade na vela.
5. Na segunda folha de papel, anote os projetos ou tarefas nos quais gostaria de ter mais criatividade. Ponha o papel debaixo da vela cor de laranja e salpique por cima as raspas de laranja e a pimenta-do-reino.
6. Acenda a vela e deixe a cera derreter no papel, infundindo-o de energia. Passe no mínimo 10 minutos meditando e visualizando-se abrindo uma porta para sua criatividade. Acenda a vela sempre que precisar de uma dose extra de criatividade.

Boneco-amuleto da oportunidade

Use este feitiço de oportunidade para atrair empregos, propostas ou oportunidades potenciais com a ajuda de uma chave e de um boneco. A chave representa as oportunidades e o boneco representa você.

QUANDO FAZER:
Domingo ou durante a lua nova ou cheia

QUANTO TEMPO LEVA:
30 minutos

ONDE FAZER:
Altar

INGREDIENTES E INSTRUMENTOS:
2 pedaços quadrados de tecido ou feltro laranja ou amarelo
Chave
Linha laranja ou amarela
Recheio sintético (fibra de poliéster) ou bolas de algodão
Lápis
Tesoura
Agulha de costura
1 colher de chá de camomila seca
1 colher de chá de hortelã seca
1 colher de chá de verbena seca
Fita ou barbante

1. Purifique o seu altar.
2. Purifique o tecido, a chave, a linha e o recheio.
3. Trace no pano o contorno da frente e das costas do boneco. Use a tesoura para recortar as formas.

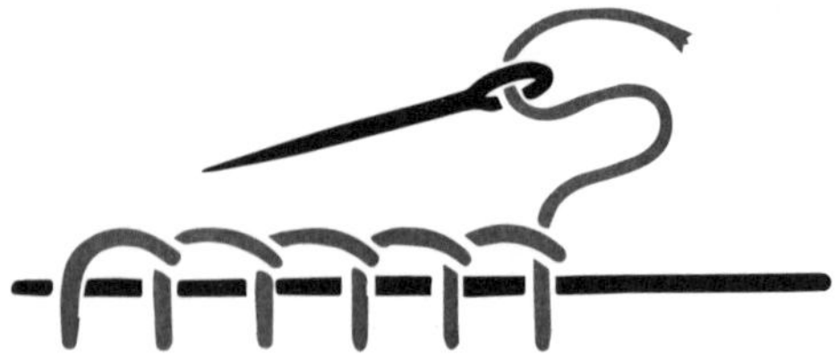

4. Una os dois pedaços. Costure rente à borda deles para formar um boneco. Deixe alguns centímetros abertos e vire o boneco do avesso para esconder a costura.

5. Recheie o boneco com a camomila, a hortelã, a verbena e o poliéster ou algodão.

6. Costure o boneco para fechá-lo, lacrando dentro dele sua intenção. Imbua de propósito o boneco pronto.

7. Prenda a chave no boneco amarrando-a com fita ou barbante. Enquanto a estiver amarrando, diga:
Eu prendo este boneco a esta chave
para atrair a oportunidade.

8. Deixe a chave presa ao seu boneco. Isso fará surgir oportunidades no seu caminho.

Feitiço para aumentar a produtividade

Às vezes o que falta para o sucesso é uma dose a mais de energia. Este feitiço da produtividade pode ajudar a equilibrar todos os aspectos da sua vida para que você possa dedicar atenção adequada tanto à vida profissional quanto à doméstica. Quando a vida estiver confusa, este feitiço ajudará você a organizar o caos.

QUANDO FAZER:
Quarta-feira ou durante a lua minguante

QUANTO TEMPO LEVA:
15 minutos

ONDE FAZER:
Altar ou cozinha

INGREDIENTES E INSTRUMENTOS:
Tigela pequena
2 colheres de sopa de água, de preferência energizada pela lua cheia (ver página 46)
1/2 colher de chá de corante alimentar amarelo
Pote de vidro pequeno com tampa
2 colheres de sopa de melado
2 colheres de sopa de óleo vegetal

1. Purifique o seu altar ou o espaço da cozinha.
2. Purifique seus instrumentos e ingredientes.
3. Na tigela, combine a água energizada pela lua cheia com o corante amarelo. Concentre-se em infundir a água com seu propósito.
4. Despeje o melado em um vidro, concentrando-se em criar a base do seu feitiço.
5. Com cuidado, despeje a água tingida de amarelo no vidro para criar uma segunda camada.
6. Despeje óleo vegetal por cima da água para criar uma terceira camada e diga:
   Com este líquido infundo
   ordem para o caos dispersar.

7. Sempre que precisar de uma dose a mais de produtividade, agite o vidro com o líquido entre as mãos e se concentre nas coisas que precisa fazer. Ponha o vidro ao seu lado na mesa em que vai trabalhar. Enquanto as camadas se separam, visualize o caos da sua vida se separando em camadas e se transformando em ordem. Lembre-se de purificar o vidro antes de cada uso!

Amuleto da boa impressão

Tem uma entrevista de emprego marcada? Ou vai fazer uma reunião com o(a) chefe e quer passar uma boa impressão? Este feitiço vai ajudar a criar um efeito positivo em qualquer um perto de quem você usar o amuleto.

QUANDO FAZER:
Domingo ou durante a lua nova

QUANTO TEMPO LEVA:
15 minutos

ONDE FAZER:
Altar ou fogueira externa

INGREDIENTES E INSTRUMENTOS:
Pilão ou moedor
1 colher de sopa de pétalas de rosa secas
1 colher de sopa de lavanda seca
1 colher de sopa de erva-cidreira seca
1 colher de sopa de raspas de laranja
Pote de vidro pequeno
Funil
Pastilha de carvão, se dentro de casa no altar
Recipiente resistente ao calor, se dentro de casa no altar
Isqueiro ou fósforos
Fogueira, se ao ar livre
Uma joia, como um anel ou um colar

1. Purifique o seu altar.
2. Com o pilão, moa de leve as pétalas de rosa, a lavanda, a erva-cidreira e as raspas de laranja. Concentre-se em elevar sua energia e afirmar o seu propósito.
3. Despeje a mistura dentro do pote de vidro usando o funil.
4. Ponha a pastilha de carvão sobre um recipiente resistente ao calor. Acenda a pastilha e espere ficar incandescente. Despeje uma pitada do seu incenso em pó recém-preparado sobre a pastilha de carvão e deixe queimar. Se estiver fazendo este feitiço ao ar livre, você pode despejar as ervas em uma chama da fogueira.

5. Passe pela fumaça a joia que você escolheu. Diga:
   Eu abençoo este colar para impressionar.
6. Imbua a joia das qualidades que, na sua opinião, passam boa impressão. Seja o mais específica possível.
7. Use a joia encantada em reuniões e entrevistas de trabalho. Refaça este feitiço na joia a cada poucos meses.

Feitiço para abrir caminho

Está sentindo alguma imobilidade ou bloqueio? Abrir um caminho é ideal para remover obstáculos ou situações estagnadas que dão a sensação de que não se está saindo do lugar. Use este feitiço para dar o pontapé inicial em suas ideias, carreira ou projetos. Ele usa o óleo para abrir caminhos, que costuma ser utilizado no vodu e na santeria.

QUANDO FAZER:
Domingo ou durante a lua minguante

QUANTO TEMPO LEVA:
30 minutos

ONDE FAZER:
Banheiro e cozinha

INGREDIENTES E INSTRUMENTOS:
Óleo para abrir caminhos
1 xícara de sais de magnésio
Isqueiro ou fósforos
Vela grossa cinza
Cristal de selenita

1. Purifique o banheiro e o espaço da cozinha.
2. Encha sua banheira com água morna ou quente e despeje nela os sais de magnésio.
3. Enquanto a banheira estiver enchendo, acenda a vela e deixe-a em um lugar seguro junto com seu cristal de selenita e o óleo para abrir caminhos.
4. Fique na banheira por 20 minutos. Concentre-se em todas as coisas que deseja desbloquear e iniciar. Despeje o óleo no corpo para ajudar a lavar qualquer bloqueio e diga:
   Com este banho eu lavo
   os bloqueios e a confusão.
5. Após 20 minutos, esvazie a banheira e apague a vela.
6. Carregue consigo o cristal de selenita para curar e equilibrar suas energias e afastar futuros bloqueios e obstáculos.

Observação: O feitiço também pode ser realizado no chuveiro. Em vez da imersão na banheira, basta despejar devagar pelo corpo primeiro um jarro de água com os sais, depois com o óleo, sem enxaguar.

Feitiço da responsabilidade

Precisa de ajuda para aguentar o fardo de muitas responsabilidades? Este feitiço vai ajudar você a aliviar um pouco do peso nos seus ombros. Ele usa a carta de tarô Dez de Paus, que representa responsabilidade, fardos e trabalho árduo.

QUANDO FAZER:
Uma hora antes do pôr do sol

QUANTO TEMPO LEVA:
30 minutos

ONDE FAZER:
Ao ar livre

INGREDIENTES E INSTRUMENTOS:
Toalha de piquenique ou canga (opcional)
Sal ou uma varinha
Carta Dez de Paus do tarô de Rider-Waite (ou uma imagem impressa da carta)
Caneta e papel

1. Encontre um lugar para usar como espaço sagrado ao ar livre. Purifique-o. Se quiser, estenda a toalha ou canga.
2. Trace um círculo de proteção para resguardar sua mente enquanto medita. Para isso, salpique sal ou use a sua varinha para criar um círculo à sua volta. Visualize uma luz branca materializando essa barreira.
3. Sente-se e ponha na sua frente a carta do tarô.
4. Olhe fixamente para ela até conseguir visualizar mentalmente a cena.
5. Feche os olhos. Permita-se entrar em um estado de transe e adentrar a cena da carta.
6. Visualize o personagem. Todos os gravetos que ele está carregando são mesmo necessários? Como você o ajudaria a alcançar a linha de chegada? Esse personagem precisa de ajuda? Pense em diversas formas como esse personagem poderia pedir ajuda ou se livrar de parte do que está carregando.
7. Volte ao presente e anote como você poderia administrar ou dividir as próprias responsabilidades. Feche seu círculo, purifique seu espaço consagrado e reflita sobre o que observou.

Garrafa encantada da motivação

Está meio para baixo durante a semana? Ou quem sabe precise apenas de um empurrãozinho para dar conta de tudo? Mantenha o pensamento positivo com esta garrafa encantada simples. Para dar uma dose a mais de energia a este feitiço, use cinzas energizadas com o **feitiço energizante** (página 117).

QUANDO FAZER:
Quarta-feira ou durante a lua crescente

QUANTO TEMPO LEVA:
25 minutos, mais 2 a 3 horas para a queima

ONDE FAZER:
Altar

INGREDIENTES E INSTRUMENTOS:
1 colher de sopa de canela
1 colher de sopa de sal marinho
1 colher de sopa de pimenta-malagueta moída
1 colher de sopa de sálvia moída
1 colher de sopa de gengibre moído
1 colher de sopa de alecrim moído
1 colher de sopa de noz-moscada moída
1 colher de sopa das cinzas do **feitiço energizante**
Pote de vidro pequeno ou médio com tampa
Cristal de aventurina
Isqueiro ou fósforos
Vela amarela pequena (10 cm)

1. Purifique o seu altar.
2. Concentre-se no seu propósito.
3. Acrescente a canela, o sal marinho, a pimenta-malagueta moída, a sálvia, o gengibre, o alecrim, a noz-moscada e as cinzas no pote de vidro.
4. Energize o cristal de aventurina, ponha-o dentro do pote e feche a tampa.
5. Acenda a vela e, segurando-a na horizontal, deixe a cera pingar na tampa do vidro.
6. Enquanto a cera pinga, entoe: *Motivação, floresça, prospere e frutifique.*

7. Deixe pingar cera suficiente na tampa para segurar a vela em pé. Prenda-a ainda acesa na cera e firme-a bem. Deixe a cera se solidificar ao redor da vela para mantê-la em pé.
8. Deixe a vela queimar até o fim, selando seu propósito dentro da garrafa encantada.
9. Enquanto a vela estiver queimando, medite e pense no que a motiva e em como se manter motivada.

CAPÍTULO 6

AMIGOS E FAMÍLIA

Suas vidas doméstica e comunitária são importantes para sua saúde social, mental e emocional. Neste capítulo você vai encontrar feitiços ligados a limpeza, purificação, ajuda, apoio e fortalecimento de vínculos com as pessoas que ama. Se praticados com ética, eles podem ser extremamente recompensadores para ajudar parentes, amigos e parceiros. Antes de fazer qualquer feitiço que envolva outra pessoa, pergunte-se quais são suas reais intenções. Ele pode prejudicar alguém? Interfere no livre-arbítrio de outra pessoa? É preciso refletir sobre essas possibilidades antes de realizá-lo.

Purificação da casa nova

Mudar-se para uma casa nova é empolgante, mas é possível que você entre em contato com energias velhas, estagnadas ou negativas. A bênção do novo local é importante para você e qualquer outra pessoa com quem você more. Use este feitiço de purificação para zerar as energias do seu lar.

QUANDO FAZER:
Sábado ou durante a lua negra

QUANTO TEMPO LEVA:
30 minutos

ONDE FAZER:
Em todos os cômodos da sua casa nova

INGREDIENTES E INSTRUMENTOS:
Isqueiro ou fósforos
Incenso em bastão ou convencional
Recipiente resistente ao calor
Vassoura de bruxa ou pena

1. Comece em um cômodo situado no centro da sua casa.
2. Acenda o incenso em bastão e ponha-o dentro de um recipiente resistente ao calor.
3. Limpe e purifique o cômodo percorrendo-o no sentido horário enquanto carrega o recipiente. Deixe a fumaça preencher o ambiente e use a vassoura de bruxa ou a pena para espalhá-la. Diga:
   Com esta fumaça eu limpo esta morada
   e afasto tudo que precisa ser afastado.

4. Visualize as energias velhas e negativas indo embora da sua casa.
5. Repita os passos 3 e 4 em cada cômodo, começando pelo centro de cada um e percorrendo a casa no sentido horário.
6. Opcional: guarde as cinzas que sobrarem no recipiente para feitiços de proteção ou de afastamento.

Sachê dos bons sonhos

Faça este sachê para promover um sono tranquilo e repousante, livre de pesadelos e sonhos indesejados, para você, um amigo ou alguém que ame. Este sachê mágico é um belo presente, que irradia uma energia de paz e um aroma agradável.

QUANDO FAZER:
Quinta-feira ou sábado

QUANTO TEMPO LEVA:
15 minutos

ONDE FAZER:
Altar

INGREDIENTES E INSTRUMENTOS:
Isqueiro ou fósforos
Vela votiva azul-clara ou branca
Quadrado de tecido azul-claro ou branco de 20 cm
Barbante
2 colheres de chá de erva-dos-gatos seca
2 colheres de chá de camomila seca
2 colheres de chá de lavanda seca
2 colheres de chá de folhas de cedro secas
Cristal de granada

1. Purifique o seu altar.
2. Acenda a vela e visualize seu propósito.
3. Estenda o pano. Ponha sobre ele a erva-dos-gatos, a camomila, a lavanda, as folhas de cedro e a granada. Enquanto estiver acrescentando cada item, infunda nele sua energia.
4. Quando terminar, erga as pontas do pano e amarre-o com barbante para selá-lo. Diga:
   Sonhos, sejam doces e também gentis,
   e deixem em seu rastro apenas paz.
5. Durma com esse sachê debaixo do travesseiro.

Feitiço para dispersar bate-bocas

Você costuma bater boca com parentes? Brigou com a sua melhor amiga? Os conflitos muitas vezes são inevitáveis, mas melhor do que varrê-los para debaixo do tapete é lidar com eles. Desanuvie o clima com a ajuda de um pouco de papel, fogo e propósito.

QUANDO FAZER:
Quarta-feira ou durante a lua negra

QUANTO TEMPO LEVA:
15 minutos

ONDE FAZER:
Altar

INGREDIENTES E INSTRUMENTOS:
Fósforos
Incenso da positividade (página 210)
Caneta e papel
Recipiente resistente ao calor

1. Purifique o seu altar.
2. Acenda o incenso e se concentre no seu propósito.
3. Usando a caneta e o papel, passe pelo menos 5 minutos detalhando a discussão e o seu desejo de desanuviar o clima da briga.
4. Quando terminar, passe o papel de um lado para outro pela fumaça três vezes, visualizando sua discussão sendo desanuviada enquanto diz:
   Eu passo este papel pela fumaça que purifica,
   e a cada passada mando embora essa briga;
   eu limpo o ar de quem tiver falado o que não devia.
5. Em seguida, rasgue seu papel em pedacinhos e ponha dentro do recipiente resistente ao calor. Isso remove a discussão da sua vida.
6. Acenda um fósforo e jogue dentro do recipiente, pondo fogo no papel.

Feitiço com espelho contra negatividade

Pegou o vírus da negatividade? Escapar dela é quase impossível. Ela pode surgir quando lemos as notícias, encaramos as labutas diárias ou ficamos perto de outras pessoas que adoram espalhar negatividade e reclamar. Este feitiço usa um espelho para proteger você e aprisionar as energias negativas.

QUANDO FAZER:
Sábado ou durante a lua minguante

QUANTO TEMPO LEVA:
20 minutos

ONDE FAZER:
Altar

INGREDIENTES E INSTRUMENTOS:
Espelho compacto
Tigela pequena
4 colheres de chá de sal marinho
1 colher de chá de cinzas
1 colher de chá de pimenta-do-reino
1 colher de chá de pimenta-de-caiena
1 colher de chá de canela
Marcador permanente

1. Purifique o seu altar.
2. Purifique o espelho.
3. Na tigela, misture o sal marinho, as cinzas, a pimenta-do-reino, a pimenta-de-caiena e a canela para criar uma mistura de sal negro com propriedades protetoras.
4. Abra o espelho acima da tigela. Salpique nele uma pitada de sal negro e diga:
   Espelhinho protetor,
   resguarde-me com o seu reflexo.
5. Na parte de trás do espelho, use o marcador para desenhar um pentagrama ou criar um **sigilo de proteção** (página 187). Isso aprisionará as energias negativas e as manterá afastadas.

Feitiço da compreensão

Colocar-se no lugar do outro ajuda a entender as suas experiências, os seus desafios e processos mentais. Este feitiço de vínculo vai criar uma conexão temporária com outra pessoa e ajudar você a conhecê-la e sentir empatia por ela.

QUANDO FAZER:
Quarta, sexta-feira ou durante a lua crescente

QUANTO TEMPO LEVA:
20 minutos

ONDE FAZER:
Altar

INGREDIENTES E INSTRUMENTOS:
Foto da pessoa por quem você quer ter empatia
Isqueiro ou fósforos
Vela branca
Turquesa

1. Purifique o seu altar.
2. Purifique a foto para remover energias velhas ou indesejadas.
3. Acenda a vela e ponha ao lado da foto.
4. Conecte-se com a energia da turquesa para empoderar seu feitiço.
5. Visualize uma luz branca ao redor da pessoa na foto. Crie um vínculo com a sua energia e concentre-se no seu propósito.
6. Concentre-se nesse propósito por uns 15 minutos, ou até sentir que a conexão está estável e que você consegue captar e entender o outro.
7. Quando terminar, rompa a conexão e apague a vela.

Feitiço para deter más intenções

Use este feitiço para banir a negatividade direcionada a você ou alguém que você ama. Banir é uma ótima forma de remover da sua vida energia negativa ou indesejada. Este feitiço usa o elemento fogo para queimar e expulsar as más intenções.

QUANDO FAZER:
Durante a lua minguante

QUANTO TEMPO LEVA:
20 minutos

ONDE FAZER:
Altar ou ao ar livre

INGREDIENTES E INSTRUMENTOS:
Tigela resistente ao calor
Caneta e papel
Pitada de erva-de-são-joão
Pitada de sal negro
Fósforos

1. Purifique o seu altar ou espaço externo.
2. Escreva suas intenções no papel, dobre-o e ponha dentro da tigela.
3. Salpique por cima do papel a erva-de-são-joão e o sal negro. Acenda um fósforo e jogue dentro da tigela para pôr fogo no papel.
4. Deixe a mistura queimar até o fim. Espalhe as cinzas pelos limites da sua casa para proteger todo mundo lá dentro das más intenções.

Feitiço para fortalecer amizades

Você e um amigo estão se distanciando? Reaviva os laços e torne-os mais fortes do que nunca com esta garrafa encantada em miniatura em forma de colar. Esse colar vai ajudar você a manter a calma e apoiá-la no fortalecimento da amizade.

QUANDO FAZER:
Domingo ou durante a lua nova

QUANTO TEMPO LEVA:
20 minutos

ONDE FAZER:
Altar

INGREDIENTES E INSTRUMENTOS:
Caneta
Pedaço de papel quadrado de 2,5 cm
Garrafa em miniatura
6 a 8 flores de lavanda secas
1 lasca de lápis-lazúli
1 lasca de cornalina
Corrente de colar ou barbante com 45 cm

1. Purifique o seu altar.
2. No pedacinho de papel, desenhe um símbolo entrelaçado que represente o vínculo com o seu amigo.
3. Enrole o papel e ponha dentro da garrafa em miniatura. Diga:
Com este símbolo crio vínculos mais fortes para cultivar.
4. Acrescente as folhas de lavanda à garrafa e diga:
Lavanda da amizade, realinhe; crie vínculos mais profundos para imbuir.
5. Energize as lascas de lápis-lazúli e de cornalina e coloque-as na garrafa. Diga:
Cristais de calma e coragem, atribuam; vínculos resistentes, desvendem e iniciem.
6. Arrolhe a garrafa e sele dentro dela o seu propósito.
7. Pendure a garrafa em uma corrente ou barbante e use-a como um colar.
8. Opcional: Crie um segundo colar de garrafa encantada e dê de presente.

Feitiço com pedra de palma do respeito

Sentiu que alguém lhe faltou com o respeito? Vire a mesa com seu cristal energizado para obter respeito usando um feitiço simples de manipulação de energia. O lápis-lazúli é importante na conquista do respeito, além de ser uma pedra da amizade. Este feitiço usa uma pedra de palma (polida e oval, que caiba na palma da mão) para criar uma poderosa mudança no seu estado emocional, incentivando a autoestima, o valor próprio e a autoconfiança.

QUANDO FAZER:
Terça-feira, domingo ou durante a lua crescente ou cheia

QUANTO TEMPO LEVA:
De 20 a 25 minutos

ONDE FAZER:
Altar

INGREDIENTES E INSTRUMENTOS:
2 rosas cor-de-rosa
2 cravos
2 peônias
3 velas réchaud nas cores branca, rosa e/ou amarela
3 pratinhos resistentes ao calor
Isqueiro ou fósforos
Pedra de palma de lápis-lazúli ou de quartzo transparente

1. Purifique o seu altar.
2. Purifique os ingredientes.
3. Retire as pétalas das rosas, cravos e peônias. Espalhe-as pelo seu altar.
4. Ponha uma vela réchaud em cada pratinho resistente ao calor. Disponha-os em uma formação triangular no seu altar e acenda as velas.
5. Segure a pedra de palma com as duas mãos, feche os olhos, sinta o peso da pedra e medite sobre seu propósito por 15 minutos.
6. Enquanto estiver meditando, sinta a energia da pedra de palma se misturar à sua à medida que vai relaxando e se concentrando.

Feitiço de amizade da lua nova

O período da lua nova é uma oportunidade para experimentar novas ideias, elaborar novos objetivos e testar feitiços. É também uma boa ocasião para atrair novas amizades. Neste feitiço você vai anotar em um papel seu propósito e usar uma vela preparada para materializá-lo.

QUANDO FAZER:
Durante a lua nova

QUANTO TEMPO LEVA:
20 minutos

ONDE FAZER:
Altar ou ao ar livre

INGREDIENTES E INSTRUMENTOS:
Vela grossa rosa ou branca
Prato
1 colher de sopa de óleo carreador, como azeite ou óleo de girassol
1 colher de chá de lavanda seca
1 colher de chá de açúcar
Caneta e papel
Prato resistente ao calor
Isqueiro ou fósforos

1. Purifique o seu altar.
2. Ponha a vela sobre um prato. Usando o indicador, passe óleo carreador na vela, começando pelo alto e descendo em direção à base. Não passe óleo no pavio.
3. Salpique a lavanda seca e o açúcar na vela. Concentre-se em firmar seu propósito.
4. No papel, faça uma lista das qualidades que deseja em um amigo. Coloque o papel sobre um prato resistente ao calor e ponha a vela por cima.
5. Acenda a vela. Passe de 5 a 10 minutos meditando sobre seu propósito e entoe:
   Lua nova com seu brilho crie
   novas amizades a serem cultivadas.
6. Lembre-se de apagar a vela.

Feitiço com nó para reatar amizade

Você tem alguma amizade que esteja rompida? Este feitiço usa a magia dos nós para construir simbolicamente uma ponte até um velho amigo. Mas lembre-se: este feitiço não é capaz de forçar seu amigo (nem ninguém) a atravessar a ponte simbólica.

QUANDO FAZER:
Terça, quarta ou sexta-feira

QUANTO TEMPO LEVA:
25 minutos

ONDE FAZER:
Altar

INGREDIENTES E INSTRUMENTOS:
2 pedaços de barbante de cores diferentes com 45 cm
Tesoura
6 sininhos com ganchos ou alças (para poderem ser pendurados)
2 velas réchaud cor-de-rosa ou brancas
Isqueiro ou fósforos
2 fotos, uma sua, outra do seu amigo
Fita adesiva

1. Purifique o seu altar.
2. Passe os dois pedaços de barbante pelo primeiro sininho. Faça um nó simples para prendê-lo. Concentre-se no seu propósito.
3. Repita o passo 2 para cada sininho, dando nós espaçados igualmente nos dois pedaços de barbante.
4. Ponha as velas réchaud uma à sua esquerda, outra à sua direita e acenda-as.
5. Ponha as duas fotos lado a lado e prenda-as uma na outra com fita adesiva.
6. Sacuda seu barbante com os sininhos duas vezes e diga:
   Com estes sinos afasto todo ódio,
   com cada toque me desapego e perdoo,
   com esta foto nos uno.
7. Depois do feitiço, faça contato com seu amigo. Repita o feitiço diariamente. Deixe as fotos coladas no altar até o vínculo entre vocês se fortalecer.

Banquete do vínculo da bênção

Nada fortalece mais os vínculos do que um banquete ritualístico. Convide as pessoas que você ama para ir à sua casa celebrar um festival, um esbá ou uma lua cheia ou feriado. Uma refeição celebratória é uma ótima ocasião para agradecer por tudo que se tem na vida e para honrar as relações que se construiu.

QUANDO FAZER:
Durante a lua cheia, em um sabá ou feriado

QUANTO TEMPO LEVA:
De 2 a 3 horas

ONDE FAZER:
Cozinha ou sala de jantar

INGREDIENTES E INSTRUMENTOS:
Pratos para dividir
Drinques para brindar
Isqueiro ou fósforos
Velas votivas ou velas grossas brancas, uma para cada convidado
Presentes (opcional)

1. Purifique a cozinha ou o espaço da sala de jantar.
2. Prepare os pratos e os drinques preferidos seus e de seus convidados.
3. Acenda uma vela para cada convidado. Ponha uma vela em cada lugar da mesa.
4. Enquanto espera seus convidados chegarem, diga:
   Hoje vamos celebrar, compartilhar com gratidão.
   Juntos damos e compartilhamos com amor e alegria.
   Que tudo que façamos hoje seja para o bem maior de todos os envolvidos, que assim seja.
5. Receba na sua casa as pessoas que você ama. Curta com elas a comemoração e deixe as velas queimarem, imbuindo o espaço do seu propósito para um banquete de vínculo abençoado.
6. Depois da refeição, apague as velas e enterre-as no seu quintal para preservar os resultados da sua bênção.

Óleo para atrair simpatia

É o seu primeiro dia na escola ou no emprego novo? Alivie a ansiedade e diminua a pressão com um óleo para atrair simpatia que incentivará aceitação, reconhecimento e aprovação. Passe-o na pele ou use-o para ungir joias.

QUANDO FAZER:
Segunda ou quinta-feira, ou durante a lua crescente ou cheia

QUANTO TEMPO LEVA:
20 minutos

ONDE FAZER:
Altar ou cozinha

INGREDIENTES E INSTRUMENTOS:
1 colher de sopa de óleo carreador, como óleo de jojoba ou de amêndoas
Frasco de vidro escuro pequeno com roll-on ou conta-gotas
2 gotas de óleo essencial de jasmim
2 gotas de óleo essencial de rosa
2 gotas de óleo essencial de sândalo
Pitada de pétalas de rosa secas

1. Purifique o seu altar.
2. Despeje o óleo carreador no frasco de vidro.
3. Acrescente os óleos essenciais de jasmim, rosa e sândalo enquanto se concentra no seu propósito.
4. Acrescente a pitada de pétalas de rosa secas.
5. Feche o frasco, segure-o com as duas mãos e visualize a energia envolvendo-o. Energize-o com o seu propósito.
6. Permita que o tempo exerça sua magia e fortaleça o óleo.
7. Passe-o na pele para atrair simpatia.

Feitiço da torre da confiança

A confiança entre pessoas que se amam ou amigos é adquirida com tempo e esforço. Ela não pode ser construída em um dia e não vai se materializar sozinha. Com este feitiço, você erguerá uma torre que vai agir ao fundo para tornar a construção da confiança um pouco mais fácil. Ela usa um cristal ativado para ajudar a mandar para o mundo seu propósito e sua energia.

QUANDO FAZER:
Terça-feira ou durante a lua crescente

QUANTO TEMPO LEVA:
30 minutos

ONDE FAZER:
Ao ar livre

INGREDIENTES E INSTRUMENTOS:
Pedra de sodalita
8 gravetos catados no chão de comprimento semelhante
Varinha ou athame

1. Encontre uma área plana para usar como espaço de altar ao ar livre. Sua torre ficará aí, então certifique-se de que seja um lugar relativamente seguro, como um quintal ou varanda.
2. Purifique o espaço do seu altar ao ar livre.
3. Firme seu propósito. Energize o cristal e ponha-o na sua frente.
4. Coloque dois gravetos ao lado do seu cristal, um à esquerda e outro à direita, e diga: *Bases construídas para sustentar.*
5. Coloque mais dois gravetos por cima dos dois primeiros, acima e abaixo do seu cristal, formando um jogo da velha (tralha), e diga: *Paredes construídas para durar.*
6. Coloque mais dois gravetos na mesma posição dos dois primeiros e diga: *Vínculos construídos para prosperar.*
7. Coloque os dois últimos gravetos na mesma posição dos do passo 5 e diga: *Confiança feita para durar.*

(CONTINUA)

8. Você agora deve ter uma torre de gravetos em volta do seu cristal. Medite por 10 minutos e imbua sua torre da energia da confiança.
9. Deixe-a montada enquanto quiser construir confiança.
10. Opcional: Repita a meditação diariamente para se conectar com a torre da confiança.
11. Se a torre cair, refaça o feitiço.

Talismã da aceitação

Você faz feitiços escondida? Tem algo que deseja dividir com quem você ama, mas teme a rejeição ou reações negativas? Este feitiço vai lhe instilar confiança, afastar a ansiedade e melhorar a receptividade.

QUANDO FAZER:
Segunda-feira ou durante a lua nova

QUANTO TEMPO LEVA:
15 minutos

ONDE FAZER:
Altar

INGREDIENTES E INSTRUMENTOS:
Uma joia, como um colar ou anel
1 colher de sopa de óleo carreador, como azeite
Vela grossa ou votiva laranja
1 colher de chá de tomilho
Isqueiro ou fósforo

1. Purifique o seu altar.
2. Purifique a joia.
3. Use seu dedo indicador para cobrir de óleo a sua vela, começando pelo alto e descendo em direção à base. Não passe óleo no pavio. Diga: *Com este movimento atraio coragem.*
4. Suba o dedo pela vela e diga: *Com este movimento afasto a ansiedade.*
5. Torne a descer o dedo pela vela e diga: *Com este movimento aumento a receptividade.*
6. Salpique o tomilho na vela.
7. Acenda a vela e medite por 5 minutos sobre tudo que deseja realizar e materializar na sua vida. Imbua a vela do seu propósito.
8. Passe a joia pelo calor da chama, imbuindo-a das propriedades do seu feitiço. Diga: *Com este movimento imbuo esta peça de aceitação.*
9. Sua joia está pronta. Use-a para incentivar a aceitação.

Talismã para atrair novos amigos

Encontrar novos amigos pode ser difícil, e, com a idade, fazer novas amizades pode ficar mais complicado. Neste feitiço você vai trabalhar a massinha de modelar com as mãos para infundir as suas intenções no talismã. Isso intensificará a energia para atrair novas amizades.

QUANDO FAZER:
Domingo ou durante a lua nova

QUANTO TEMPO LEVA:
25 minutos, mais o tempo de assar (depende das instruções da massinha)

ONDE FAZER:
Cozinha

INGREDIENTES E INSTRUMENTOS:
Cristal de cornalina
Forno
Assadeira
Papel-manteiga
Bloco de massa de modelar sintética com 2,5 cm (rosa, branca, amarela ou laranja)
Tesoura
Cola de massinha (opcional)
Espeto
Barbante ou corrente de 45 cm

1. Purifique a cozinha.
2. Purifique a cornalina e reserve.
3. Preaqueça o forno segundo as instruções da sua massinha.
4. Forre a assadeira com papel-manteiga.
5. Role entre as mãos um pedaço de 1 cm de massinha até amolecer. Forme uma bola e ponha na assadeira.
6. Ponha um pequeno quadrado de papel-manteiga sobre a bola de massinha (para evitar impressões digitais). Use a mão para amassar a massinha e formar um pingente.
7. Retire o papel-manteiga e pressione a cornalina na massinha, que deve cobrir um quarto do cristal. Se quiser que o seu pingente tenha um aspecto polido, pinte a massinha com cola própria para o material.
8. Use um espeto para abrir um furo com cerca de 0,5 cm de diâmetro no alto do pingente.

9. Asse o pingente conforme as instruções da massinha.
10. Enquanto a massinha assa, medite sobre o seu propósito de atrair novos amigos.
11. Retire o pingente do forno e, quando ele tiver esfriado, ponha no barbante ou corrente. Use-o em volta do pescoço ou carregue-o consigo.

Feitiço trançado da união

Está se sentindo mal compreendida ou julgada injustamente? Seus vínculos com parentes ou amigos são fracos? Com este feitiço de nó trançado de seis fios você pode fortalecer as conexões com seus amigos, parentes e outras pessoas que ama.

QUANDO FAZER:
Quarta, sexta-feira, domingo ou durante a lua nova

QUANTO TEMPO LEVA:
45 minutos

ONDE FAZER:
Altar

INGREDIENTES E INSTRUMENTOS:
Isqueiro ou fósforos
Vela rosa
4 pedaços de barbante com 20 cm
Miçangas coloridas (opcional)

1. Purifique o seu altar.
2. Acenda a vela e concentre-se no seu propósito.
3. Pegue três pedaços de barbante, dobre-os ao meio e una-os com um nó usando o quarto pedaço.
4. Segure três barbantes na mão esquerda e três na direita.
5. Passe o barbante da extrema direita por cima do que está ao lado e por baixo do seguinte. Segure-o então na mão esquerda; ele virou o barbante mais à esquerda. Você agora deve ter quatro barbantes na mão esquerda e dois na direita.
6. Passe o barbante da extrema esquerda por baixo do que está ao lado, por cima do seguinte e por baixo do barbante mais à esquerda do passo 5. Segure-o na mão direita. Você agora deve ter novamente três barbantes na mão esquerda e três na direita.
7. Repita os passos 5 e 6, pondo miçangas se quiser, até trançar o barbante todo. Sua peça pronta deve ficar com cerca de 15 cm.
8. Finalize com outro nó, selando seu propósito de fortalecer conexões e favorecer a união. Corte qualquer pedaço que estiver sobrando.

9. Medite por 20 minutos e visualize o que deseja materializar.

10. Mantenha sua trança da união por perto enquanto quiser fortalecer vínculos e promover a união.

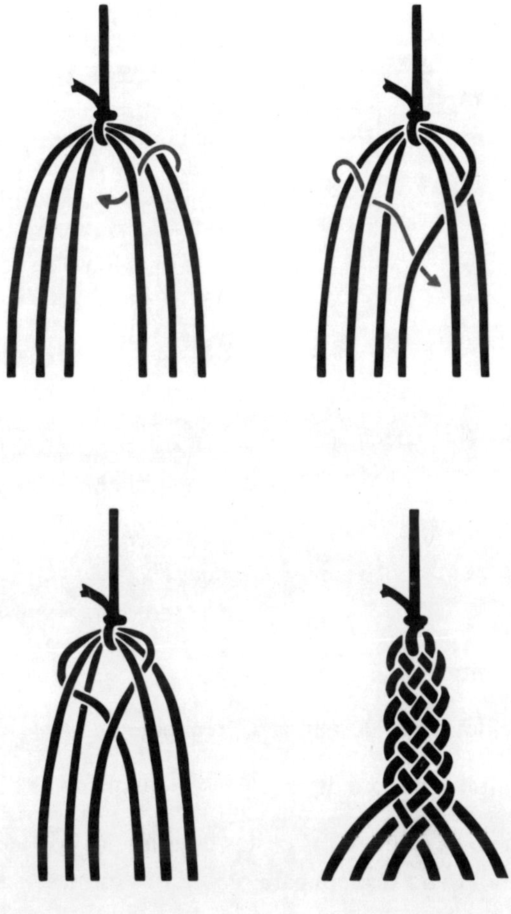

Feitiço para resolver uma desavença

Você teve uma discussão que fugiu do controle? Está disposta a resolver um desentendimento com alguém importante? Este feitiço vai inspirar empatia e perdão entre duas pessoas que se desentenderam. Observação importante: ele não é capaz de fazer alguém mudar de ideia; só vai funcionar se as duas pessoas estiverem dispostas a seguir em frente.

QUANDO FAZER:
Terça, quarta ou sexta-feira

QUANTO TEMPO LEVA:
30 minutos

ONDE FAZER:
Altar

INGREDIENTES E INSTRUMENTOS:
2 quadrados de tecido para cada boneco que você pretender fabricar
Agulha de costura
Linha
Recheio sintético (fibra de poliéster) ou bolas de algodão
Fotos de cada pessoa envolvida na discussão, ou papéis com seus nomes escritos
Lápis
Tesoura
1 colher de chá de lavanda
1 colher de chá de cravo
1 colher de chá de erva-dos-gatos
Isqueiro ou fósforos
Vela azul
1 colher de sopa de mel ou um pedaço de barbante

1. Purifique o seu altar.
2. Purifique o tecido, a agulha, a linha e o recheio.
3. Ponha no seu altar uma foto de cada pessoa envolvida na discussão.
4. Trace o contorno da frente e das costas do primeiro boneco nos dois pedaços de pano. Use a tesoura para recortar as formas.
5. Una os dois pedaços com o lado avesso do tecido virado para fora. Costure rente à borda dos dois pedaços para fazer um boneco. Deixe alguns centímetros abertos e vire seu boneco do avesso para esconder a costura.

6. Repita as etapas 4 e 5 para criar um boneco para cada pessoa envolvida na discussão.

7. Recheie cada boneco com fibra sintética ou bolas de algodão, a lavanda, os cravos e a erva-dos-gatos.

8. Costure as aberturas dos bonecos e ponha-os no seu altar.

9. Acenda a vela e medite sobre o seu propósito por 5 minutos.

10. Empilhe os bonecos, usando mel para prendê-los. O mel adoça os sentimentos e repara conflitos entre pessoas que se desentenderam. Se não quiser usar mel, você pode amarrar os bonecos uns nos outros com barbante.

11. Se estiver usando mel, guarde os bonecos em um recipiente fechado no seu altar para não atrair insetos.

12. Mantenha os bonecos unidos até o desentendimento se resolver.

Feitiço para encontrar um objeto perdido

Espíritos travessos estão brincando com você? Você perdeu alguma coisa? Use este feitiço para localizar qualquer objeto perdido. Para completá-lo, vai precisar de um pêndulo, que é um pequeno peso amarrado a um pedaço de corrente ou linha. Esse método divinatório requer prática e concentração. Não se preocupe se não funcionar na primeira tentativa.

QUANDO FAZER:
Quinta-feira ou durante uma lua negra ou nova

QUANTO TEMPO LEVA:
15 minutos

ONDE FAZER:
Altar

INGREDIENTES E INSTRUMENTOS:
Arame
Corrente de metal ou barbante
Cristal de quartzo transparente
Alicate
Caneta e papel
Isqueiro ou fósforos
Vela marrom

1. Purifique o seu altar.
2. Faça um pêndulo com arame, uma corrente de metal e um cristal de quartzo transparente. Primeiro enrole o arame bem apertado no cristal, que não pode escapar. Então, com a ponta do arame, crie um laço torcido. Corte o arame que estiver sobrando e passe a corrente no laço. Se já tiver um pêndulo pronto, sinta-se livre para usá-lo.
3. Programe o pêndulo fazendo a ele perguntas para as quais você sabe as respostas. Limpe sua mente e segure a ponta da corrente do pêndulo entre o indicador e o polegar, deixando-o se balançar. Estabeleça parâmetros: balançar de leste para oeste significa sim; de norte para sul significa não; e em círculo significa talvez. Enquanto estiver fazendo as perguntas, coloque o pêndulo na direção das respostas.
4. Faça um esboço aproximado da sua casa.
5. Acenda a vela.

6. Segure o pêndulo nas mãos e energize-o com seu propósito. Visualize o objeto perdido.
7. Segure o pêndulo acima do esboço da sua casa e comece a fazer perguntas como “Meu objeto está na cozinha?”. Repita as perguntas para cada cômodo da sua casa. Anote as respostas dadas pelo pêndulo conforme ele se balança. Use-as para procurar o objeto.

CAPÍTULO 7

SAÚDE

Feitiços ligados a saúde e a cura têm por intenção auxiliar você a combater a doença e ajudar a restaurar sua energia mental e física. Os feitiços desta seção se concentram em inspirar a mudança por meio da manipulação de energia para materializar o restabelecimento e a recuperação. Eles não podem evitar que você tenha alguma doença, mas podem turbinar sua saúde e ser uma defesa contra a doença. Devem ser usados em conjunção com práticas de saúde básicas como ingerir líquidos, comer alimentos frescos e ter uma rotina de sono adequada. Feitiços de cura não são instantâneos; eles levam tempo para fazer efeito. Lembre-se de ser paciente e jamais desistir da magia que existe dentro de você.

Feitiço com vela de sete dias para a saúde

Está sentindo que vai começar uma gripe, ou tem uma tosse insistente que não quer ir embora? Um feitiço com vela azul de cura é perfeito para aumentar a energia curativa e combater qualquer doença que esteja enfraquecendo você.

QUANDO FAZER:
Quarta-feira ou durante a lua crescente

QUANTO TEMPO LEVA:
35 minutos no primeiro dia, depois 10 minutos por dia durante 6 dias

ONDE FAZER:
Altar

INGREDIENTES E INSTRUMENTOS:
Faca para gravar
Sigilo de saúde (opcional)
Vela grossa azul
Prato
Isqueiro ou fósforos

1. Purifique o seu altar.
2. Use uma faca para gravar na vela a palavra *saúde*, ou crie um sigilo de saúde. Siga as instruções para criar um **sigilo de cura sob medida** (página 179) e substitua a palavra *cura* por *saúde*.
3. Ponha a vela em cima de um prato e acenda. Medite por 10 minutos sobre o seu propósito. Diga:
   Eu mando esta doença para o fogo.
   Mais nenhuma parte da minha saúde será sua.
4. Apague a vela.
5. Faça a mesma meditação uma vez ao dia durante uma semana, acendendo a vela a cada vez. Repita conforme a necessidade.

Água de cura da lua cheia

A água é essencial para a vida. Que melhor forma de se conectar e honrar as propriedades de vida da água do que beber uma versão dela carregada de magia? Você pode infundir a água que bebe de muitas maneiras diferentes; este feitiço usa a energia da lua.

QUANDO FAZER:
Durante a lua cheia

QUANTO TEMPO LEVA:
15 minutos, mais uma noite inteira para energizar

ONDE FAZER:
Ao ar livre ou em uma janela que receba o luar

INGREDIENTES E INSTRUMENTOS:
De 3 a 5 cristais de quartzo
Jarra de água grande

1. Purifique a área em que sua água vai ser energizada.
2. Ponha os cristais de quartzo em volta da jarra. Os cristais irão amplificar a energia da lua cheia.
3. Segure a jarra com uma das mãos, agite-a e diga:
   Água da vida, energize-se com o poder da lua cheia,
   e imbua-se e encha-se de luz de cura.
4. Deixe a água e os cristais se energizando durante a noite.
5. No dia seguinte ou ao longo do mês, beba sua água.

Feitiço de luz da purificação

Você está se sentindo adoentada, desanimada ou cansada? Canalize a energia do sol para se limpar da dor, do sofrimento ou da doença. Este feitiço combina a energia do sol com um amuleto e uma vela para dar o pontapé inicial na sua recuperação.

QUANDO FAZER:
Ao nascer do sol de uma quarta-feira

QUANTO TEMPO LEVA:
15 minutos

ONDE FAZER:
Ao ar livre

INGREDIENTES E INSTRUMENTOS:
Vela amarela
1 colher de sopa de óleo carreador, como azeite
1 colher de chá de alecrim seco
Isqueiro ou fósforos
Amuleto ou pedra do sol e marcador permanente

1. Escolha um espaço ao ar livre e purifique-o.
2. Passe o óleo carreador na vela, movendo seu dedo de baixo para cima para banir aquilo de que deseja se livrar. Não passe óleo no pavio.
3. Salpique o alecrim na vela para infundir nela propriedades de saúde e cura.
4. Acenda a vela e passe o amuleto do sol pela fumaça da chama. Se não tiver um amuleto, desenhe em uma pedra um símbolo do sol.
5. Medite sobre seu propósito enquanto espera o sol nascer, de modo a poder canalizar sua energia purificadora.

Banho ritual de cura

Você está com um resfriado que não vai embora? O estresse a está deixando doente? Um banho ritual vai lhe permitir zerar suas energias e dar ao seu corpo uma chance de se curar. Este feitiço usa a energia de cura de uma vela azul e sais de magnésio para relaxar seu corpo.

QUANDO FAZER:
Quarta-feira ou durante a lua cheia

QUANTO TEMPO LEVA:
30 minutos

ONDE FAZER:
Banheiro

INGREDIENTES E INSTRUMENTOS:
1 xícara de sais de magnésio
3 gotas de óleo essencial de eucalipto
3 gotas de óleo essencial de hortelã
Isqueiro ou fósforos
Vela grossa azul

1. Purifique o banheiro.
2. Encha a banheira de água morna ou quente e acrescente os sais de magnésio e os óleos essenciais de eucalipto e hortelã.
3. Enquanto a banheira estiver enchendo, acenda a vela e ponha em um lugar seguro por perto.
4. Descanse na banheira por 20 minutos. Concentre suas energias nas coisas que deseja curar. Sinta a água do banho infundida energizar seu corpo.
5. Após 20 minutos, esvazie a banheira e apague a vela.

Observação: O feitiço também pode ser realizado no chuveiro. Em vez da imersão na banheira, basta despejar devagar pelo corpo um jarro de água com a mistura e não enxaguar.

Feitiço restaurador da chama

Você está sentindo cansaço? Algum desalinhamento mental, físico ou emocional? Você pode usar este feitiço para queimar sua sensação de desânimo ou exaustão (ou a de alguém que você ama) canalizando o elemento fogo.

QUANDO FAZER:
Quarta-feira

QUANTO TEMPO LEVA:
15 minutos por dia enquanto durar o feitiço

ONDE FAZER:
Altar

INGREDIENTES E INSTRUMENTOS:
Foto da pessoa que precisa de cura
Marcador permanente
Prato resistente ao calor
Vela votiva azul
1 colher de chá de sálvia moída
Isqueiro ou fósforos

1. Purifique o seu altar.
2. Use um marcador permanente para circular, na foto, as áreas da pessoa que precisam de energia de cura. Para exaustão mental, circule a cabeça; para exaustão emocional, circule o coração; e assim por diante.
3. Ponha a foto sobre o prato. Ponha a vela em cima.
4. Salpique a sálvia na vela enquanto eleva sua energia.
5. Acenda a vela e deixe-a queimar por 15 minutos. Feche os olhos e se concentre em restauração e cura.
6. Repita este feitiço diariamente até a vela queimar inteira.

Sachê para curar doenças durante o sono

Você está tão doente que não consegue elevar energia suficiente para se curar? Cure-se durante o sono. Este sachê de ervas é rápido e simples de fazer, e você pode dormir profundamente enquanto ele opera a magia para absorver seus males.

QUANDO FAZER:
Quarta-feira ou durante a lua minguante

QUANTO TEMPO LEVA:
10 minutos, mais a noite inteira

ONDE FAZER:
Altar

INGREDIENTES E INSTRUMENTOS:
Quadrado de tecido azul de 20 cm
2 colheres de chá de camomila seca
2 colheres de chá de lascas de sândalo
2 colheres de chá de pimenta-de-caiena
2 colheres de chá de alecrim seco
Barbante azul

1. Purifique o seu altar.
2. Estenda o pano. Ponha a camomila, as lascas de sândalo, a pimenta-de-caiena e o alecrim em cima do pano, um de cada vez, e diga:
   Eu sou mais forte do que penso,
   e com este amuleto crio um elo
   para me recuperar durante o sono.
3. Erga as pontas do tecido e amarre-o bem com o barbante para fechar, visualizando as energias dos ingredientes.

4. Antes de ir se deitar, inale o aroma do sachê e visualize-se curada. Deixe o sachê ao seu lado ou debaixo do seu travesseiro enquanto dorme.
5. Repita o passo 4 à noite sempre que estiver doente.

Talismã de cura da lua

Deixe-se curar pela energia da lua cheia. Neste feitiço você vai criar um colar energizado para amplificar seu propósito de cura. Use um colar feito de cristal ou de madeira para intensificar a força dessa magia. Se não tiver um, você pode usar um arame preso a um pedaço de madeira ou cristal para criar um pingente.

QUANDO FAZER:
Durante a lua cheia

QUANTO TEMPO LEVA:
15 minutos, mais a noite inteira

ONDE FAZER:
Altar

INGREDIENTES E INSTRUMENTOS:
Vela votiva ou grossa branca ou azul
2 gotas de óleo essencial de eucalipto
Isqueiro ou fósforos
Colar de madeira ou cristal (ou pingente de madeira ou de cristal)

1. Purifique o seu altar.
2. Passe o óleo essencial de eucalipto na vela. Não passe óleo no pavio.
3. Acenda a vela e se concentre em visualizar uma energia de cura.
4. Passe o colar pelo calor da fumaça e diga:
   Imbuo este colar de luz curativa,
   energizada sob o poder da lua cheia,
   para me proteger da doença depois desta noite.
5. Segure o colar com as duas mãos e sinta sua energia se misturar com ele. Use-o quando precisar de energia curativa.
6. Apague a vela e ponha o talismã em um peitoril de janela que receba o luar.
7. Reenergize seu talismã a cada lua cheia.

Manteiga corporal da vitalidade

Devolva vitalidade ao seu corpo depois de uma doença ou sofrimento. Esta manteiga corporal curativa com múltiplas propriedades pode ser usada para dores, hematomas, arranhões, pele ressecada ou irritações. É também um belo presente para amigos e pessoas queridas.

QUANDO FAZER:
Quarta-feira ou durante a lua nova

QUANTO TEMPO LEVA:
1 hora e 40 minutos

ONDE FAZER:
Cozinha

INGREDIENTES E INSTRUMENTOS:
Panelas pequena e média e uma tigela de cerâmica
1 xícara de manteiga de karité ou de cacau
1/2 xícara de óleo de coco
1/2 xícara de óleo carreador, como de amêndoas
20 gotas de óleo essencial de lavanda
Batedor manual ou fouet
Pote de vidro médio com tampa

1. Purifique a cozinha.
2. Encha uma panela média com água e submerja uma tigela ou prato fundo de cerâmica de cabeça para baixo dentro da panela, certificando-se de que 0,5 cm dele fique acima da superfície. Ponha uma panela menor em cima do prato submerso. Não a deixe encostar na água.
3. Acrescente a manteiga de karité, o óleo de coco e o óleo carreador na panela menor, mexendo constantemente até derreter. Retire a mistura do fogo e deixe esfriar por 1 minuto.
4. Junte o óleo essencial de lavanda e concentre-se no seu propósito enquanto mistura. Leve à geladeira por 1 hora.
5. Tire a mistura da geladeira e use um batedor manual ou fouet para bater até deixá-la fofa. Devolva-a à geladeira por 15 minutos para assentar.
6. Guarde a mistura em um pote de vidro tampado. Mantenha-a numa temperatura próxima a 25° C.

Óleo expectorante de eucalipto

Acabe com tosses, resfriados e catarro usando este bálsamo de óleo de ervas. Este feitiço simples e rápido utiliza o eucalipto, um remédio muito popular para resfriados e doenças respiratórias. Se tiver a pele sensível, lembre-se de fazer um teste primeiro.

QUANDO FAZER:
Quarta-feira ou durante a lua nova ou crescente

QUANTO TEMPO LEVA:
20 minutos

ONDE FAZER:
Cozinha

INGREDIENTES E INSTRUMENTOS:
2 colheres de sopa de óleo de coco
Pote de vidro de 50 ml com tampa
6 gotas de óleo essencial de eucalipto

1. Purifique o espaço da cozinha.
2. Ponha o óleo de coco no pote de vidro. Se estiver sólido, leve ao micro-ondas na potência baixa por intervalos de 10 segundos até derreter. Cuidado para não deixar ferver.
3. Acrescente ao pote o óleo essencial de eucalipto, concentrando-se no seu propósito.
4. Mexa a mistura e diga:
   Com estes óleos infundo
   energia curativa para o peito.
   Levem embora o desânimo e a doença;
   ouçam-me e atendam este pedido.
5. Refrigere a mistura.
6. Para usar, aplique um pouco nos pontos de pulsação do seu corpo.

Feitiço de aterramento contra a ansiedade

Como a ansiedade pode surgir na vida de qualquer um, é importante aprender formas de administrá-la antes que ela saia do controle. Você já tem o poder de controlar a sua ansiedade. Canalize esse poder com este feitiço de aterramento que necessita de apenas um cristal de citrino.

QUANDO FAZER:
A qualquer momento

QUANTO TEMPO LEVA:
15 minutos

ONDE FAZER:
Altar

INGREDIENTES E INSTRUMENTOS:
Cristal de citrino

1. Purifique o seu altar.
2. Acomode-se em uma posição confortável e segure o cristal de citrino com sua mão dominante. Feche os olhos.
3. Respire fundo. Visualize uma esfera de luz curativa no alto da sua cabeça. Sinta a luz percorrer seu corpo, removendo a ansiedade conforme desce até a base da sua coluna.
4. Quando sentir que a esfera recolheu toda a sua ansiedade, visualize-se expulsando-a do seu corpo para dentro do chão.

Poção do *reset*

Você às vezes adoece e gostaria que seu corpo tivesse um botão de reiniciar? Este feitiço usa a lua nova e um heliotrópio (pedra do sangue) para lhe proporcionar isso. Use esta magia para se desligar e se religar, de modo a estar pronta para enfrentar os dias à frente.

QUANDO FAZER:
Durante a lua nova

QUANTO TEMPO LEVA:
30 minutos

ONDE FAZER:
Altar ou cozinha

INGREDIENTES E INSTRUMENTOS:
4 xícaras de água destilada ou água fervida resfriada até a temperatura ambiente
Pote de vidro grande com tampa
1 colher de sopa de urtiga seca
1 colher de sopa de verbena seca
Cristal de heliotrópio
Pano de musselina ou coador
Xícara para beber (opcional)

1. Purifique o seu altar ou o espaço da cozinha.
2. Despeje a água no pote de vidro.
3. Acrescente a urtiga e a verbena e tampe o vidro.
4. Ponha o heliotrópio sobre a tampa do vidro para infundir sua energia e auxiliar no processo de reiniciar.
5. Feche os olhos e concentre-se no seu propósito sob a lua nova.
6. Deixe sua poção descansar durante a noite.
7. Coe e beba a poção, ou despeje-a em volta de casa para se cercar da energia da lua nova.

Mandala de cristais para curar a dor

A dor assume muitas formas: física, mental, emocional. Os cristais podem ajudar a administrá-la proporcionando uma energia curativa e restauradora. Esta mandala curativa utiliza diferentes cristais com propriedades de cura.

QUANDO FAZER:
Durante a lua nova ou cheia

QUANTO TEMPO LEVA:
30 minutos

ONDE FAZER:
Altar, ou ao ar livre sob o luar

INGREDIENTES E INSTRUMENTOS:
Caneta e papel
4 cristais de quartzo transparentes
3 cristais de citrino
3 turquesas
3 cristais de peridoto
Varinha ou athame

1. Purifique o seu altar ou o espaço ao ar livre.
2. Com caneta e papel, crie um formato de grade que lhe pareça adequado. Não ponha os cristais sobre o desenho ainda; você fará isso no passo 4.

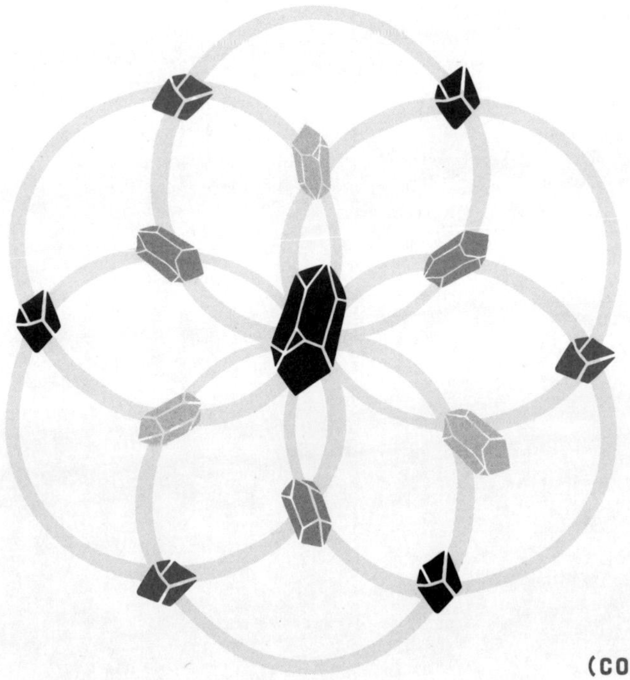

(CONTINUA)

3. Segure os cristais com as duas mãos e visualize sua energia e seu propósito se misturando a eles. Diga uma frase afirmativa como: *Eu energizo estes cristais para curar e absorver minha dor.*
4. Use os cristais para recriar o desenho feito no passo 2. Comece com um cristal grande no centro e vá avançando de dentro para fora.
5. Use a varinha ou athame para ativar sua mandala. Direcione sua energia para unir os cristais. Diga: *Eu uno esta mandala para afastar a dor e me proteger contra o sofrimento.*
6. Sente-se, recoste-se na cadeira, feche os olhos e medite sobre o seu propósito durante 15 minutos.
7. Deixe a sua mandala montada enquanto quiser que ela permaneça ativa. De tantos em tantos dias, torne a unir os cristais e diga em voz alta suas intenções.

Feitiço de cura com boneco

Bonecos são um tipo popular de simpatia, ideais para serem combinados com cuidados de saúde receitados ou preventivos. Um boneco pode criar uma conexão com você de modo a ajudá-la em suas intenções. Este em especial também é perfeito para ser usado com alguém que você ama para promover a cura.

QUANDO FAZER:
Domingo ou durante a lua nova ou cheia

QUANTO TEMPO LEVA:
30 minutos

ONDE FAZER:
Altar

INGREDIENTES E INSTRUMENTOS:
2 quadrados de tecido azul
Agulha de costura
Linha
Recheio sintético (fibra de poliéster) ou bolas de algodão
Lápis
Tesoura
1 colher de chá de erva-cidreira seca
1 colher de chá de calêndula seca
1 colher de chá de pimenta-do-reino
Objeto pequeno seu

1. Purifique o seu altar.
2. Purifique o tecido, a agulha, a linha e o recheio.
3. Trace no tecido o contorno da frente e das costas do boneco. Recorte as formas com a tesoura.
4. Una os dois pedaços do tecido. Costure rente à borda dos dois pedaços para criar um boneco. Deixe alguns centímetros abertos e vire seu boneco do avesso para esconder a costura.
5. Recheie o boneco com o poliéster ou o algodão, a erva-cidreira, a calêndula e a pimenta-do-reino. Energize cada item conforme for acrescentando.

(CONTINUA)

6. Acrescente um pertence que vincule o boneco a você. Pode ser um fio de cabelo seu, uma fivela ou elástico antigo, ou algo que você tiver usado. Costure o boneco para fechá-lo.

7. Ponha o boneco no seu altar. Concentre sua energia na parte do seu corpo que deseja curar. Sinta sua energia envolvendo essa parte do boneco. Permita-se adentrar um estado semelhante a um transe por 10 minutos e diga:
   Luz da cura que envolve,
   e energia a tudo em volta devolve.

8. Repita o passo 7 no seu boneco sempre que precisar de uma energia de cura.

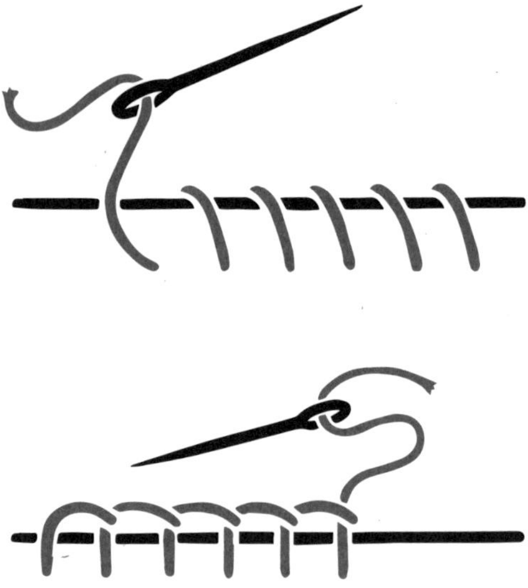

Feitiço de cura com espelho

Um espelho pode proporcionar uma dose extra de energia para fortalecer seus feitiços de cura. Este feitiço robusto usa um espelho, cristais e uma vela azul, além de óleo essencial de alecrim, para criar energia para você ou para alguém que você ama.

QUANDO FAZER:
Durante a lua cheia

QUANTO TEMPO LEVA:
35 minutos

ONDE FAZER:
Altar

INGREDIENTES E INSTRUMENTOS:
Espelho de mão
Recipiente grande resistente ao calor
Caneta e papel
Vela grossa azul
3 gotas de óleo essencial de alecrim
4 cristais de quartzo ou outras pedras de cura
Isqueiro ou fósforos
Athame ou varinha

1. Purifique o seu altar.
2. Ponha no altar seu espelho virado para cima sobre o recipiente resistente ao calor.
3. Escreva o nome da pessoa que precisa de cura.
4. Ponha o papel em cima do espelho. Se for preciso, dobre o papel para fazê-lo caber.
5. Ponha a vela em cima do papel e do espelho. Passe o óleo essencial de alecrim na vela e concentre-se no seu propósito. Não deixe cair óleo no pavio.
6. Disponha os cristais de quartzo em volta do espelho, do papel e da vela em um formato de losango que represente norte, sul, leste e oeste, homenageando os quatro elementos.

(CONTINUA)

7. Acenda a vela e medite por 10 minutos sobre seus desejos e seu propósito.

8. Abra os olhos. Usando uma varinha ou athame, aponte para cada cristal, percorrendo-os no sentido horário. Diga:
   Com esta vela mando embora
   toda doença e aflição.
   Com estes cristais uno
   e afasto toda doença esta noite.
   Com este espelho expando
   e amplio a energia de cura que invoco.

9. Deixe a vela queimar enquanto medita por 20 minutos sobre seu propósito, elevando energia para o seu feitiço. Deixe a cera pingar no papel e no espelho.

10. Enterre a vela e o pedaço de papel.

Feitiço de cura à distância

Se você estiver longe de alguém que ama e precisa de cura (ou se estiver longe de casa), pode tentar uma cura à distância ou remota. O método deste feitiço às vezes é chamado de medicina curativa ou reiki e pode ser feito com varinhas de cristal ou pedras de palma.

QUANDO FAZER:
Quarta-feira ou durante a lua crescente

QUANTO TEMPO LEVA:
45 minutos

ONDE FAZER:
Em qualquer lugar onde você se sinta confortável

INGREDIENTES E INSTRUMENTOS:
Travesseiro ou almofada de meditação (opcional)
Isqueiro ou fósforos
Vela roxa
Varinha de cristal (use quartzo transparente, quartzo rosa ou selenita)

1. Purifique o espaço no qual vai executar a cura à distância.
2. Se tiver um travesseiro ou almofada de meditação, sente-se em cima para ter mais conforto.
3. Acenda a vela para intensificar suas habilidades psíquicas e ajudar a se concentrar no seu propósito de cura.
4. Segure de leve a varinha de cristal com sua mão dominante e conecte-se com a sua energia. Abra a outra mão com a palma virada para cima.
5. Feche os olhos e pratique a respiração profunda até alcançar um estado meditativo.
6. Canalize sua energia e mova-a de um lado para o outro até conseguir direcioná-la para o cristal. Permita que ela se conecte e se funda à energia da pedra.
7. Visualize a pessoa a quem deseja dedicar a energia de cura.

(CONTINUA)

8. Mova a varinha de um lado para o outro, visualizando a energia de cura banhando a pessoa que está curando. Concentre-se no seu propósito.
9. Quando terminar, aterre qualquer excesso de energia e pratique a respiração profunda até sentir sua energia se centrar outra vez.

Sigilo de cura sob medida

Faça um sigilo de cura sob medida para usar em vários feitiços curativos. Você pode gravá-lo em velas de cura, desenhá-lo em pedras ou costurá-lo em bonecos ou bolsinhas encantadas. Não se preocupe em deixar seu sigilo perfeito; o importante é ele ser só seu.

QUANDO FAZER:
Quarta-feira ou durante a lua nova

QUANTO TEMPO LEVA:
10 minutos

ONDE FAZER:
Altar

INGREDIENTES E INSTRUMENTOS:
Marcador permanente com tinta azul
Folha de papel
Pedra chata ou pedaço de madeira (opcional)
Incenso de lavanda ou vassoura de bruxa (opcional)

1. Purifique o seu altar.
2. Concentre-se nas suas intenções. Escreva a palavra *cura* ou outra parecida na folha de papel.
3. Desconstrua as letras da palavra em seus elementos básicos, como curvas, pontos, traços e linhas. Desenhe esses elementos abaixo da palavra no mesmo papel.
4. Ainda na mesma folha de papel, combine os elementos para criar um desenho. Esse desenho é o seu sigilo de cura.
5. Redesenhe na mesma folha de papel seu sigilo de cura, agora codificado com o seu propósito.
6. Para fazer um talismã com seu sigilo de cura, grave-o em uma pedra ou pedaço de madeira. Acenda um incenso e purifique seu talismã passando-o pela fumaça. Você também pode usar uma vassoura de bruxa. Segure o talismã com as duas mãos e concentre-se nas suas intenções para consagrá-lo, ativando-o para o uso.

Bolsinha de energia curativa

Esta bolsinha curativa pode ser usada para a cura física, emocional ou espiritual sempre que você sentir que precisa de uma dose a mais de energia. A cor azul, associada à cura, é usada ao longo de todo o feitiço: no tecido da bolsinha, na vela e no cristal.

QUANDO FAZER:
Segunda-feira ou domingo

QUANTO TEMPO LEVA:
De 3 a 5 horas, dependendo do tempo de queima da sua vela

ONDE FAZER:
Altar

INGREDIENTES E INSTRUMENTOS:
2 quadrados de tecido azul (13 cm)
Agulha de costura
Linha azul
Isqueiro ou fósforos
Vela réchaud azul
4 cravos
4 pétalas de rosa frescas
1 cristal ou pedra azul de sua preferência (se não tiver, pode usar um cristal de quartzo transparente)

1. Purifique o seu altar.
2. Una os dois pedaços de tecido.
3. Use a agulha e linha para costurar rente à borda dos quadrados de tecido de modo a criar uma bolsinha, deixando alguns centímetros abertos para poder virá-la do lado avesso, escondendo a costura.
4. Acenda a vela, sente-se em silêncio e imagine-se bem.
5. Ponha os cravos, as pétalas de rosa e o cristal dentro da sua bolsinha, um de cada vez, e diga:
   Com estes cravos eu me curo.
   Com estas pétalas de rosa eu me curo.
   Com esta pedra eu me curo.
6. Costure os últimos centímetros da bolsinha, selando lá dentro o seu propósito.

7. Feche os olhos e visualize uma energia azul de cura saindo da bolsinha e envolvendo seu corpo.

8. Deixe a vela queimar até o fim, ou então apague-a, sentindo-a levar embora a sua doença. Não use a vela para mais nada.

CAPÍTULO 8

PROTEÇÃO E PERDÃO

Quer você seja uma bruxa novata ou mais experiente, é crucial aprender a lançar feitiços de proteção e perdão. A magia de proteção, uma das mais antigas formas de prática de feitiços, ajuda-nos a nos defender. A magia do perdão nos ajuda a viver no presente e encontrar a paz interior. Esses dois tipos de magia caminham de mãos dadas, pois ambos são essenciais para se alcançar um sentimento de segurança. Esta seção lhe ensinará a proteger e encontrar a paz dentro de si mesma, em casa e nas pessoas ao seu redor.

Lavagem protetora para a casa

A proteção começa em casa. Use esta receita para resguardar e fortificar sua casa contra os espíritos maus, atenções indesejadas e outros males. Você deve fazer uma nova lavagem protetora no início de cada estação para garantir a potência.

QUANDO FAZER:
Sábado ou durante a lua negra

QUANTO TEMPO LEVA:
10 minutos mais o tempo de limpar

ONDE FAZER:
Cozinha

INGREDIENTES E INSTRUMENTOS:
4 xícaras de água
Panela grande
Balde
1 xícara de vinagre branco
12 gotas de óleo essencial de bergamota
12 gotas de óleo essencial de gerânio
Pano para limpar

1. Purifique a cozinha.
2. Na panela, ferva a água para remover qualquer impureza. Despeje a água purificada dentro de um balde limpo.
3. Acrescente o vinagre branco.
4. Concentre-se no seu propósito e junte os óleos essenciais de bergamota e gerânio.
5. Mexa a água no balde três vezes e diga:
   Três voltas dentro do balde
   protegem as paredes e o chão.
6. Use esta lavagem encantada para limpar as janelas e portas da sua casa.

Sal de proteção dos limites

Está sentindo os seus limites ultrapassados por alguma energia ou espírito indesejado? Assuma o comando e supere seu medo com uma leva do sal de proteção dos limites. Use este feitiço para criar uma barreira em volta da sua casa e se proteger de forças indesejadas.

QUANDO FAZER:
Sábado ou durante a lua nova

QUANTO TEMPO LEVA:
15 minutos mais o tempo de salpicar

ONDE FAZER:
Altar ou cozinha

INGREDIENTES E INSTRUMENTOS:
1 xícara de sal marinho
Pote de vidro de 350 ml com tampa
1 colher de chá de manjericão seco
1 colher de chá de cravo moído
1 colher de chá de cominho moído
1 colher de chá de pimenta-do-reino
1 colher de chá das cinzas de um feitiço anterior

1. Purifique o seu altar ou o espaço da cozinha.
2. Ponha o sal dentro do pote.
3. Junte o manjericão, o cravo, o cominho, a pimenta-do-reino e as cinzas. Enquanto vai acrescentando, diga:
   Manjericão para defender,
   cravo para guardar,
   cominho para abrigar,
   pimenta para resguardar,
   cinzas para proteger.
4. Tampe o vidro e sacuda-o para misturar.
5. Despeje a mistura de sal em uma linha contínua ao redor da sua casa. Verifique sempre para ver se a linha de sal não está rompida. Se a linha se romper, repita o feitiço.

Amuleto de proteção

Um amuleto que você já possui pode aumentar a energia defensiva protetora. Este feitiço utiliza as associações protetoras da cor preta (ou marrom) e a erva protetora cominho. Use este amuleto ou dê de presente para alguém que gostaria de proteger.

QUANDO FAZER:
Sábado ou durante a lua cheia

QUANTO TEMPO LEVA:
15 minutos

ONDE FAZER:
Altar

INGREDIENTES E INSTRUMENTOS:
1 pitada de cominho
Vela votiva preta ou marrom
Isqueiro ou fósforos
Colar ou amuleto

1. Purifique o seu altar.
2. Salpique o cominho na vela para ungi-la.
3. Acenda a vela ungida e visualize suas propriedades protetoras.
4. Passe o colar ou amuleto pela fumaça da vela e diga:
   Colar de proteção,
   carregue-se com a minha intenção
   e proteja a minha direção.
5. Permita que o seu poder infunda o amuleto, energizando-o para o uso.
6. Use a mesma vela para repetir o feitiço a cada poucos meses de modo a reenergizar o amuleto de proteção.

Sigilo de proteção

Neste feitiço você vai criar um sigilo que poderá usar em uma pedra de proteção. Ele também é perfeito para ser usado em conjunto com sua **lavagem protetora para a casa** (página 184): basta molhar os dedos no líquido da lavagem e desenhar sigilos de proteção invisíveis nos seus espelhos e janelas.

QUANDO FAZER:
Sábado ou durante a lua nova

QUANTO TEMPO LEVA:
10 minutos

ONDE FAZER:
Altar

INGREDIENTES E INSTRUMENTOS:
Caneta e papel
Marcador permanente preto
Pedra plana (opcional)

1. Purifique o seu altar.
2. Concentre-se no seu propósito. Escreva a palavra *proteger* na folha de papel.
3. Desconstrua as letras da palavra em seus elementos básicos, como curvas, pontos, traços e linhas. Desenhe esses elementos abaixo da palavra no mesmo papel.
4. Ainda na mesma folha de papel, combine os elementos para formar um desenho. Pode ser um quadrado, um coração, uma cruz ou um triângulo. Distribua quaisquer círculos, arcos e traços que sobrarem à margem das linhas ou em volta do desenho. Esse desenho é o seu sigilo de proteção.
5. Se quiser, desenhe em uma pedra o seu sigilo, agora codificado com a sua intenção, e mantenha-a sempre consigo.

Feitiço de proteção do ferro

O ferro é um metal protetor importante e extremamente fácil de encontrar. Ele existe na Terra inteira e também nas estrelas. É usado em magia na forma de pregos, ferraduras e hematita. Neste feitiço, você vai devolver o ferro à terra como uma oferenda em troca de proteção.

QUANDO FAZER:
Sábado ou durante a lua nova ou crescente

QUANTO TEMPO LEVA:
20 minutos

ONDE FAZER:
Altar e ao ar livre

INGREDIENTES E INSTRUMENTOS:
Pilão ou moedor
1 folha de louro seca
1 colher de chá de canela
1 colher de chá de sal
Isqueiro ou fósforos
Pastilha de carvão
Recipiente resistente ao calor
5 pedaços de ferro (pregos ou pedras de hematita, por exemplo)

1. Purifique o seu altar.
2. Use o pilão ou o moedor para combinar a folha de louro, a canela e o sal e criar uma mistura para incenso. Reserve.
3. Acenda a pastilha de carvão sobre um recipiente resistente ao calor e deixe queimar até ficar incandescente.
4. Salpique uma pitada da mistura de incenso sobre a pastilha de carvão.
5. Passe os pedaços de ferro na fumaça, concentrando-se no seu propósito.
6. Medite por 10 minutos e apague o incenso.
7. Enterre os pedaços de ferro energizados em volta da sua casa para oferecê-los de volta à terra.

Banho ritual do perdão

O perdão não é algo instantâneo; é um processo que leva tempo. Este banho ritual vai ajudar você a começar a se desapegar de traumas, sofrimentos e dores do passado e vai servir de apoio na hora de perdoar aqueles que lhe causaram mágoas.

QUANDO FAZER:
Domingo, segunda-feira ou durante a lua nova

QUANTO TEMPO LEVA:
45 minutos

ONDE FAZER:
Banheiro

INGREDIENTES E INSTRUMENTOS:
1 xícara de sais de magnésio
Isqueiro ou fósforos
Vela grossa preta ou branca
3 gotas de óleo essencial de jasmim
3 gotas de óleo essencial de camomila

1. Purifique o banheiro.
2. Encha a banheira com água quente e acrescente os sais de magnésio.
3. Acenda a vela e ponha em um lugar seguro por perto enquanto se concentra nas suas intenções.
4. Quando a banheira estiver cheia, acrescente os óleos essenciais de jasmim e camomila e entre no banho.
5. Fique na banheira por 30 minutos e visualize toda sua dor e todo seu sofrimento sendo condensados em esferas que você afasta do seu corpo.
6. Após 30 minutos, esvazie a banheira e apague a vela.
7. Faça este ritual com tanta frequência quanto necessário.

Observação: O feitiço também pode ser realizado no chuveiro. Em vez da imersão na banheira, basta despejar devagar pelo corpo um jarro de água com a mistura e não enxaguar.

Amuleto da bênção da viagem

Vai viajar por ar, terra ou mar? Mande embora o medo e a preocupação com uma bênção para incentivar apenas a positividade e a segurança em suas viagens. Este feitiço também pode ser usado em companheiros de viagem que precisem de uma proteção.

QUANDO FAZER:
Quarta-feira ou durante a lua negra ou cheia

QUANTO TEMPO LEVA:
15 minutos

ONDE FAZER:
Altar ou ao ar livre

INGREDIENTES E INSTRUMENTOS:
Isqueiro ou fósforos
Pastilha de carvão
Prato resistente ao calor
Tigela pequena
1 colher de chá de confrei seco
1 colher de chá de alecrim seco
1 colher de chá de hortelã seca
Cristal relacionado à sua viagem (água-marinha para uma viagem por mar, por exemplo, ou esmeralda para uma viagem por terra)

1. Purifique o seu altar ou o espaço ao ar livre.
2. Acenda uma pastilha de carvão sobre o prato resistente ao calor. Deixe-a aquecer por 5 a 10 minutos ou até que fique incandescente.
3. Na tigela, misture o confrei, o alecrim e a hortelã.
4. Salpique uma pitada da mistura de incenso sobre a pastilha de carvão.
5. Passe seu cristal pela fumaça do incenso. Concentre suas intenções em abençoar e proteger a pessoa que ficará com ele.

Vaporizadores de chuveiro do perdão

Perdoar os outros não é fácil: é algo que exige coragem, mas quem consegue se fortalece. Os vaporizadores de chuveiro deste feitiço são infundidos com aromas calmantes e óleos essenciais que promovem a coragem. Use-os sozinhos ou em conjunção com o **banho de chuveiro purificador do perdão** (página 192).

QUANDO FAZER:
Domingo, quarta-feira ou durante a lua nova

QUANTO TEMPO LEVA:
20 minutos, mais de 24 a 48 horas para secar

ONDE FAZER:
Cozinha

INGREDIENTES E INSTRUMENTOS:
Tigela média e colher para misturar
1 xícara de bicarbonato de sódio
1/2 xícara de sal marinho
Frasco com borrifador cheio d'água
10 gotas de óleo essencial de lavanda
10 gotas de óleo essencial de hortelã
10 gotas de óleo essencial de alecrim
Moldes de silicone ou forma de cupcake

1. Purifique a cozinha.
2. Na tigela, misture o bicarbonato e o sal.
3. Borrife água e misture até obter uma consistência úmida semelhante à areia. Ponha mais água se necessário.
4. Junte os óleos essenciais de lavanda, hortelã e alecrim enquanto se concentra no seu propósito.
5. Preencha os moldes de silicone ou a forma com a mistura bem compactada. Deixe secar por 24 a 48 horas.
6. Retire os vaporizadores de chuveiro dos moldes ou da forma e guarde em um recipiente fechado.

Banho de chuveiro purificador do perdão

O perdão começa dentro de nós. Só você pode decidir o momento de desapegar e seguir em frente. Este feitiço de purificação lhe permitirá dar um passo nessa direção. Observe que ele utiliza água corrente, por isso só pode ser feito em um chuveiro.

QUANDO FAZER:
Domingo, quarta-feira ou durante a lua nova

QUANTO TEMPO LEVA:
20 minutos

ONDE FAZER:
Banheiro

INGREDIENTES E INSTRUMENTOS:
Vaporizadores de chuveiro do perdão (página 191)
Chuveiro

1. Purifique o banheiro.
2. Ponha um **vaporizador de chuveiro** no canto do boxe, ou um vaporizador normal de aromaterapia no banheiro. Comece seu banho como de costume.
3. Quando começar a sentir os aromas do vaporizador, pense na pessoa que lhe causou mágoa e nos sentimentos associados a ela e ao que ela fez.
4. Enquanto toma banho, diga:
   Eu lavo a dor,
   e a deixo escorrer pelo ralo;
   perdoo com o coração e com a mente
   e deixo a mágoa para trás.

Bruma protetora

Esta bruma protetora é um spray de limpeza e proteção que usa o poder purificador da água e as propriedades protetoras dos óleos essenciais. Leve o spray consigo para quando precisar de proteção fora de casa.

QUANDO FAZER:
Sábado ou durante a lua negra

QUANTO TEMPO LEVA:
20 minutos

ONDE FAZER:
Altar ou cozinha

INGREDIENTES E INSTRUMENTOS:
1/2 xícara de água destilada ou água da torneira fervida esfriada até ficar em temperatura ambiente
Frasco de vidro escuro com spray de 180 ml
4 gotas de óleo essencial de lavanda
4 gotas de óleo essencial de sálvia
4 gotas de óleo essencial de cedro

1. Purifique e prepare o seu espaço.
2. Despeje a água dentro do frasco de vidro com spray e acrescente os óleos essenciais de lavanda, sálvia e cedro. Feche e agite para combinar. Enquanto estiver agitando, infunda o líquido com o seu propósito.
3. Segure o frasco entre as mãos e visualize sua energia envolvendo-o e se misturando ao líquido.
4. Agite antes de cada uso.

Escudo de proteção psíquica

Precisa de um escudo instantâneo? Use este escudo simples de proteção psíquica para se resguardar das energias negativas ou de qualquer coisa ruim que venha na sua direção. Ele pode ser útil para evitar se envolver nas emoções alheias e preservar a sua energia.

QUANDO FAZER:
A qualquer momento

QUANTO TEMPO LEVA:
10 minutos

ONDE FAZER:
Inicialmente no altar, depois em qualquer lugar

INGREDIENTES E INSTRUMENTOS:
Bruma protetora (página 193; opcional)
Cristal de quartzo fumê (opcional)

1. Purifique o seu altar e o espaço em volta. Se estiver fora de casa, talvez queira borrifar a **bruma protetora** no espaço.
2. Encontre uma posição confortável e concentre-se na sua respiração. Para mais energia, segure na sua mão dominante um cristal de quartzo fumê.
3. Concentre-se na sua energia interna. Quando conseguir visualizá-la, tente expandi-la de modo que ela contenha e envolva seu corpo. A energia deve se expandir uns 2 cm à sua volta. Pense nesse escudo como uma bolha.
4. Use seu escudo contra qualquer energia ou força externa que tente vir na sua direção.
5. Repita esses passos conforme a necessidade.

Óleo de unção da bruxa guerreira

Aumente o poder da sua guerreira interna com este óleo encantado. Use esta mistura para passar no corpo ou em seus instrumentos. Este óleo vai proporcionar uma defesa básica contra acidentes, ataques ou negatividade. Se for aplicar na pele, lembre-se de fazer um teste antes.

QUANDO FAZER:
Quinta-feira ou durante a lua crescente

QUANTO TEMPO LEVA:
15 minutos

ONDE FAZER:
Altar

INGREDIENTES E INSTRUMENTOS:
2 colheres de sopa de óleo carreador, como óleo de amêndoas ou de jojoba
Frasco de vidro escuro pequeno com roll-on ou conta-gotas
2 gotas de óleo essencial de cedro
2 gotas de óleo essencial de gerânio
2 gotas de óleo essencial de alecrim

1. Purifique o seu altar.
2. Despeje o óleo carreador no frasco de vidro.
3. Acrescente os óleos essenciais de cedro, gerânio e alecrim, um de cada vez, e diga:

   Com esta mistura de óleos eu resguardo e protejo,
   e afasto aqueles que desejam ofender.
4. Segure o frasco nas duas mãos e visualize a energia envolvendo-o. Carregue-o com o seu propósito.
5. Seu óleo está agora encantado e pronto para ser usado. Passe-o em pontos de pulsação, instrumentos, velas ou objetos.

Mandala de cristais para proteção

Amplifique seu poder com a ajuda de uma mandala feita com pedras protetoras, como obsidiana e hematita. Outras alternativas aceitáveis são turmalina negra, jaspe, quartzo fumê, fluorita e cianita azul.

QUANDO FAZER:
Sábado ou durante a lua negra

QUANTO TEMPO LEVA:
30 minutos

ONDE FAZER:
Altar ou ao ar livre

INGREDIENTES E INSTRUMENTOS:
Caneta e papel
4 pedras de obsidiana
3 pedras de hematita
Varinha ou athame

1. Purifique o seu altar ou o espaço ao ar livre.
2. Com a caneta e o papel, desenhe uma forma que lhe pareça adequada. Para mandalas protetoras, experimente desenhar um hexágono. Não coloque as pedras sobre o desenho ainda; você fará isso no passo 4.
3. Segure as pedras entre as mãos e visualize sua energia e seu propósito misturando-se a elas. Diga em voz alta a afirmação que quiser, como: *Eu energizo estes cristais para me proteger e abrigar.*
4. Use as pedras para recriar o desenho feito no passo 2. Comece com uma obsidiana no centro e vá seguindo de dentro para fora.
5. Use a varinha ou athame para ativar sua mandala. Direcione sua energia para unir os cristais. Diga: *Eu uno esta mandala para me proteger e abrigar.*
6. Sente-se, recoste-se na cadeira, feche os olhos e medite por 10 minutos sobre a sua intenção.
7. Deixe sua mandala montada enquanto quiser que ela permaneça ativa. A cada poucos dias, torne a unir os cristais e diga em voz alta o seu propósito.

Como fortalecer o seu escudo

Criar um escudo psíquico requer esforço, tempo e poder. Este escudo é baseado no feitiço do **escudo de proteção psíquica** (página 194), com algumas variações. Se você estiver começando na prática de feitiços ou tiver dificuldade para mobilizar sua energia, é especialmente importante usar um **amuleto de proteção** (página 186) e a **bruma protetora** (página 193).

QUANDO FAZER:
A qualquer momento

QUANTO TEMPO LEVA:
15 minutos

ONDE FAZER:
Em qualquer lugar

INGREDIENTES E INSTRUMENTOS:
Bruma protetora (opcional)
Amuleto de proteção ou um cristal

1. Purifique o espaço à sua volta.
2. Se quiser, use a **bruma protetora** para servir de base do seu escudo.
3. Purifique o **amuleto de proteção** ou o cristal de modo a poder usar sua energia.
4. Feche os olhos, concentre-se na respiração e ative seu escudo de proteção psíquica.
5. Uma vez o escudo ativado, expanda-o de modo que ele alcance um braço de distância ao seu redor. Pratique sustentá-lo por no mínimo 1 minuto.
6. Pratique os passos 4 e 5 até conseguir sustentar o escudo de modo seguro durante um minuto inteiro.
7. Quando estiver pronta, empurre o escudo para além do comprimento do seu braço e continue a expandi-lo até fazê-lo ocupar o recinto inteiro. Conforme seu escudo for se expandindo, ele vai banir ou expulsar do espaço em que você se encontra as entidades negativas ou energias indesejadas.
8. Repita conforme a necessidade. Lembre-se: a perfeição vem com a prática!

Ritual do perdão com tarô

Você pode usar a vidência para revelar o caminho rumo ao perdão. Este é um ritual simples com tarô que você pode adaptar a qualquer situação. Ele se concentra naquilo que você precisa superar para iniciar sua jornada rumo ao perdão.

QUANDO FAZER:
Domingo, segunda-feira, ou durante a lua negra ou cheia

QUANTO TEMPO LEVA:
30 minutos

ONDE FAZER:
Altar

INGREDIENTES E INSTRUMENTOS:
Isqueiro ou fósforos
Vela votiva ou réchaud branca
Varinha ou athame
Baralho de tarô
Caneta e papel

1. Purifique o seu altar.
2. Acenda a vela e firme o seu propósito.
3. Você vai fazer uma jornada, então crie sem pressa um círculo de proteção à sua volta para proteger sua mente enquanto estiver meditando. Para fazer isso, trace um círculo com sua varinha ou athame e visualize uma luz branca materializando a barreira.
4. Faça a si mesma três perguntas: O que preciso superar para poder começar minha jornada rumo ao perdão? Como posso superar essas barreiras? Qual é o desfecho da minha situação?

5. Agora sente-se e embaralhe o tarô até sentir que é a hora de parar.
6. Pouse o baralho sobre o altar e disponha as cartas em leque.
7. Feche os olhos e permita-se acessar sua intuição.
8. Escolha três cartas e vire-as, uma de cada vez.
9. A primeira carta é a resposta à sua primeira pergunta, a segunda é a resposta à pergunta seguinte, e a terceira é a resposta à última pergunta.
10. Com sua caneta e papel, anote as mensagens que vê em cada carta com relação à pergunta correspondente.
11. Quando terminar de refletir, guarde as cartas de tarô, apague a vela e feche o círculo.

Proteção e bênção para o carro

Faça este feitiço antes de pegar no volante. Ele promove segurança, proteção, foco e consciência enquanto você dirige e pode ser alterado para proteger qualquer meio de transporte, basta adaptar a afirmação do passo 7 e pôr a bolsinha encantada no bolso ou na bolsa em vez de no carro.

QUANDO FAZER:
Durante a lua nova

QUANTO TEMPO LEVA:
25 minutos

ONDE FAZER:
Altar e no carro

INGREDIENTES E INSTRUMENTOS:
Isqueiro ou fósforos
Vela votiva preta
Quadrado de tecido preto com 25 cm
2 colheres de chá de artemísia seca
2 colheres de chá de junípero seco
2 colheres de chá de sal negro
2 colheres de chá de pimenta-de-caiena seca
2 colheres de chá de canela
Turquesa ou cristal de quartzo fumê
Caneta e pedaço de papel pequeno
Sigilo de proteção (página 187)
Barbante

1. Purifique o seu altar.
2. Acenda a vela e visualize o seu propósito.
3. Estenda o tecido e ponha sobre ele a artemísia, o junípero, o sal negro, a pimenta-de-caiena e a canela. Diga: *Ervas protetoras, concedam sua bênção.*
4. Segure a turquesa e conecte-se com a energia da pedra. Ponha-a sobre o tecido e diga: *Pedra da segurança, transfira suas propriedades.*
5. Desenhe o seu **sigilo de proteção** em um pedaço pequeno de papel. Ponha o papel em cima do tecido e diga: *Sigilo de defesa, ofereça seu escudo.*

6. Erga as pontas do tecido e amarre-as com o barbante para fechá-lo. Visualize sua energia protetora sendo ativada.
7. Ponha a bolsinha encantada no carro, debaixo do banco ou no porta-luvas. Visualize sua energia cercando o carro com uma luz branca. Diga:

   Encantamento protetor, imbua de energia
   e abençoe este carro e todas as suas peças.
8. Reenergize mensalmente a bolsinha encantada.

Garrafa encantada de proteção

Esta garrafa encantada dura bastante e é abastecida com o seu propósito de se proteger contra entidades más ou atos criminosos e imorais. Para este feitiço você vai usar especiarias protetoras.

QUANDO FAZER:
Terça-feira ou durante a lua nova

QUANTO TEMPO LEVA:
30 minutos, mais de 3 a 4 horas para a queima

ONDE FAZER:
Altar

INGREDIENTES E INSTRUMENTOS:
1 colher de sopa de pimenta-do-reino
1 colher de sopa de cominho
1 colher de sopa de sal marinho ou sal negro
1 colher de sopa de canela
Pote de vidro pequeno ou médio com tampa
Caneta preta e papel
Sigilo de proteção (página 187)
3 pedaços de ferro (pregos ou pedras de hematita, por exemplo)
Vela pequena (10 cm) marrom ou preta
Isqueiro ou fósforos

1. Purifique o seu altar.
2. Ponha dentro do frasco a pimenta-do-reino, o cominho, o sal e a canela, um de cada vez, concentrando-se no seu propósito.
3. Em uma folha de papel, desenhe o seu **sigilo de proteção.** Dobre o papel e ponha dentro do frasco.
4. Acrescente os pedaços de ferro ao frasco e tampe.

5. Acenda a vela e segure-a na horizontal, deixando um pouco de cera pingar sobre a tampa do vidro. Deixe pingar cera suficiente para manter a vela em pé. Prenda-a ainda acesa na cera da tampa e firme-a bem. Deixe a cera se solidificar ao redor da vela para que ela se sustente sozinha. Deixe-a queimar até o fim, selando o propósito dentro da garrafa encantada.
6. Ponha sua garrafa encantada de proteção perto da frente da sua casa.

Enfeite de parede para defesa

Use este enfeite de parede para defender sua casa contra a negatividade e as forças do mal. Este feitiço também usa sinos, magia dos nós e ferro, o elemento da terra. Pendure-o no seu quarto, escritório ou no centro da sua casa.

QUANDO FAZER:
Sábado, ou durante a lua crescente ou nova

QUANTO TEMPO LEVA:
30 minutos

ONDE FAZER:
Altar

INGREDIENTES E INSTRUMENTOS:
Carretel ou barbante ou novelo de lã marrom ou preta
Tesoura
4 gravetos catados no chão (15 cm)
6 sininhos
6 pedaços de ferro (pregos, porcas, arruelas ou pequenas ferragens)

1. Purifique o seu altar.
2. Purifique os ingredientes.
3. Corte no mínimo trinta pedaços de barbante (30 cm) e reserve.
4. Use quatro gravetos para criar um formato de losango com os cantos sobrepostos.

5. Amarre os cantos do losango de gravetos com mais barbante.
6. Use o barbante reservado para fazer laçadas na metade inferior do losango, tantas quanto couberem.
7. Usando a sua intuição, amarre os sininhos e pedaços de ferro em vários pontos dos barbantes.
8. Pendure o enfeite na parede com barbante.
9. Seu enfeite está pronto para afastar a negatividade e as forças do mal. Toda vez que alguma energia indesejada se aproximar, seus sininhos vão tocar.

CAPÍTULO 9

BEM-ESTAR, SUCESSO & ABUNDÂNCIA

Feitiços de bem-estar, sucesso e abundância podem ajudar você a materializar a vida que deseja ter. Eles não farão todo o trabalho no seu lugar; exigem muita energia, prática, paciência e dedicação para dar certo. Quando começar a utilizar essas magias, comece de modo simples: use seus objetivos pessoais realistas para firmar os seus propósitos. Nesta seção você vai encontrar foco em positividade, sorte, autocuidado e felicidade.

Feitiço do chá da clareza

Use este chá da clareza para ter uma visão mais clara do que deseja alcançar. Este feitiço pode ajudar você a entender melhor situações estressantes, o que por sua vez vai ajudá-la a relaxar e abrir a mente.

QUANDO FAZER:
Sábado, domingo ou durante a lua nova

QUANTO TEMPO LEVA:
15 minutos

ONDE FAZER:
Cozinha

INGREDIENTES E INSTRUMENTOS:
Panela pequena
1 xícara de água
1/2 colher de chá de artemísia seca
1/2 colher de chá de valeriana seca
1/2 colher de chá de camomila seca
1/2 colher de chá de canela
1/2 colher de chá de lavanda seca
Pano de musselina ou coador
Xícara para beber

1. Purifique a cozinha.
2. Na panela, ferva a água enquanto afirma a sua intenção.
3. Tire a panela do fogo.
4. Junte a artemísia, a valeriana, a camomila, a canela e a lavanda e deixe as ervas repousarem por 10 minutos enquanto medita sobre o seu propósito.
5. Coe o chá em uma xícara, mova a mão no sentido horário acima da xícara e diga:
   Ajude-me a ver
   o que é bom para mim.
6. Sinta a energia se fundindo ao seu chá. Beba e desfrute.

Feitiço de bem-estar com espelho

Muitas vezes escutamos que precisamos nos concentrar em nosso bem-estar, mas nem sempre é fácil saber por onde começar. Este feitiço com espelho é um bom primeiro passo para encontrar equilíbrio, o que vai ajudar você a se sentir feliz, saudável, socialmente conectada e com um propósito. Ele usa o poder de uma vela, de um espelho e da meditação.

QUANDO FAZER:
Durante a lua nova

QUANTO TEMPO LEVA:
20 minutos

ONDE FAZER:
Altar

INGREDIENTES E INSTRUMENTOS:
Espelho compacto
Isqueiro ou fósforos
Vela votiva branca
Caneta e papel (opcional)

1. Purifique o seu altar.
2. Purifique o espelho.
3. Abra o espelho e ponha-o no altar.
4. Acenda a vela, ponha-a em cima do espelho e diga:
   Vela acesa, ilumine;
   bem-estar vou criar.
5. Enquanto o espelho estiver refletindo a luz da vela, medite por 15 minutos sobre seu propósito e seu bem-estar geral. Busque equilíbrio, finalidade, conexões e coisas que lhe trarão felicidade e saúde.
6. Permita que surjam mensagens e visões capazes de apoiar sua concentração. Se quiser, anote-as.
7. Apague sua vela e repita conforme a necessidade.

Incenso da positividade

Gere sua própria positividade com esta mistura de incenso energizada. Queime-a sempre que precisar de uma dose a mais de energia emocional, mental ou espiritual. O incenso da positividade também funciona bem em qualquer feitiço relacionado a materialização ou atração de sucesso, abundância ou bem-estar.

QUANDO FAZER:
Sexta-feira ou durante a lua crescente

QUANTO TEMPO LEVA:
10 minutos

ONDE FAZER:
Altar ou cozinha

INGREDIENTES E INSTRUMENTOS:
Pote de vidro de 60 a 90 ml com tampa
1 colher de sopa de hortelã seca
1 colher de sopa de camomila seca
1 colher de sopa de tomilho seco
1 colher de sopa de sálvia seca
1 colher de sopa de lavanda seca

1. Purifique o seu altar ou o espaço da sua cozinha.
2. Ponha dentro do pote a hortelã, a camomila, o tomilho, a sálvia e a lavanda, um de cada vez. Concentre-se em deixar a positividade infundir a mistura e diga:
   Possa esta mistura trazer positividade
   e equilíbrio para minha vida;
   possa esta mistura proteger da negatividade
   e afastar qualquer dificuldade.
3. Tampe o vidro e sacuda bem.
4. Queime o incenso em uma fogueira ou sobre uma pastilha de carvão em cima de um recipiente resistente ao calor.

Amuleto da sorte

Faça este amuleto para aumentar sua sorte. Ele usa fehu, a runa da fortuna, da sorte, dos começos e da riqueza. É feito com um pedaço de madeira gravado que você pode carregar consigo para atrair circunstâncias favoráveis.

QUANDO FAZER:
Quinta-feira ou durante a lua crescente

QUANTO TEMPO LEVA:
15 minutos

ONDE FAZER:
Altar ou em qualquer espaço de trabalho

INGREDIENTES E INSTRUMENTOS:
Pedaço de madeira catada redondo com 5 a 8 cm
Lixa grossa
Faca ou marcador permanente

1. Purifique o seu altar ou espaço de trabalho.
2. Comece lixando o pedaço de madeira. Lixe todos os cantos ásperos ou pontiagudos.

3. Com uma faca ou marcador permanente, grave o símbolo da runa fehu. Enquanto estiver gravando, diga:
   Fehu, runa da fortuna,
   apoie meus projetos
   e traga-me sorte e recomeços.
4. Carregue o seu amuleto da sorte consigo ou guarde-o em um lugar seguro para quando mais precisar.

Bálsamo da abundância

Um bálsamo pode turbinar sua energia para atrair abundância. Ele favorece a alegria e proporciona força para a mente, o corpo e a alma. Este feitiço utiliza ervas e óleo de vitamina E. Você também pode usá-lo para hidratar a pele seca.

QUANDO FAZER:
Quinta-feira ou durante a lua cheia ou nova

QUANTO TEMPO LEVA:
25 minutos

ONDE FAZER:
Cozinha

INGREDIENTES E INSTRUMENTOS:
1/4 de xícara de cera de abelha
1/3 de xícara de óleo de coco virgem
Recipiente médio para micro-ondas
1/3 de xícara de óleo de amêndoas
1/2 colher de chá de óleo de vitamina E
3 latinhas de metal ou potes de vidro (90 ml)

1. Purifique a cozinha.
2. Ponha a cera de abelha e o óleo de coco no recipiente e leve ao micro-ondas a intervalos de 30 segundos.
3. Repita, mexendo a cada vez, até a cera estar completamente derretida. Não deixe a mistura ferver.
4. Acrescente os óleos de amêndoas e de vitamina E e concentre-se no seu propósito.
5. Enquanto estiver misturando, diga:
   Venha, abundância.
6. Quando a mistura estiver homogênea, despeje nas latinhas ou potes e deixe solidificar antes de usar.

Talismã da autoestima

Quanto pior você estiver se sentindo, menor sua motivação, e vice-versa. Use este talismã para resgatar sua noção de valor próprio e superar o círculo vicioso da insegurança. Use-o sempre que precisar de uma ajudinha para acreditar em si mesma.

QUANDO FAZER:
Segunda, quarta, sexta-feira ou durante a lua crescente.

QUANTO TEMPO LEVA:
15 minutos

ONDE FAZER:
Altar

INGREDIENTES E INSTRUMENTOS:
Incenso da positividade (página 210)
Pastilha de carvão
Recipiente resistente ao calor
Isqueiro ou fósforos
Uma joia, cristal ou pingente de pedra

1. Purifique o seu altar.
2. Ponha o incenso sobre a pastilha de carvão em cima do recipiente resistente ao calor. Acenda o incenso, feche os olhos e diga:
   Libero esta fumaça para que ela leve embora minha baixa autoestima e minhas inseguranças.
3. Em seguida, medite sobre o seu propósito por 5 minutos.
4. Abra os olhos e passe a joia ou pingente pela fumaça do incenso. Isso vai purificar, limpar e consagrar a peça para o uso.
5. Passe a peça pela fumaça três vezes e diga:
   A cada passada eu purifico, irradio e brilho.
6. Seu talismã está agora pronto para ser usado ou levado com você. Recarregue-o a cada poucos meses.

Feitiço de conforto corporal

Como o seu corpo é tão sagrado quanto qualquer outro instrumento que você use na bruxaria, é importante cuidar dele e honrá-lo, bem como as muitas coisas que ele faz por você. Use este feitiço para aceitar você, seu corpo e todas as coisas que tornam você quem é.

QUANDO FAZER:
Segunda-feira ou durante a lua nova

QUANTO TEMPO LEVA:
15 minutos

ONDE FAZER:
Banheiro

INGREDIENTES E INSTRUMENTOS:
Espelho
Prato grande
Vela grossa branca ou rosa
2 colheres de sopa de óleo carreador, como azeite ou óleo de amêndoas
1 colher de sopa de lavanda seca
Base resistente ao calor
Isqueiro ou fósforos

1. Purifique o banheiro.
2. Posicione-se de frente para o espelho.
3. Sobre o prato grande, passe o óleo carreador na vela. Não passe óleo no pavio.
4. Salpique a lavanda seca na vela até cobri-la. Concentre-se no seu propósito.
5. Ponha a vela ungida sobre a base resistente ao calor na sua frente e acenda.
6. Encare o seu reflexo e diga:
   Eu sou perfeita, inteira,
   eu me amo na mente, no corpo e na alma.
7. Repita o feitiço quando necessário.

Perscrutação para a ambição interior

Ative e canalize sua ambição interior com a ajuda do fogo. A perscrutação do fogo é uma forma de vidência que usa uma chama para revelar mensagens e visões. A chama dançante da vela pode revelar ordem e caos, ação e renascimento. A perscrutação ajuda você a ter uma visão mais clara de suas ambições e seus sonhos.

QUANDO FAZER:
Terça-feira, domingo ou durante a lua nova ou crescente

QUANTO TEMPO LEVA:
15 minutos

ONDE FAZER:
Altar

INGREDIENTES E INSTRUMENTOS:
5 velas réchaud roxas ou brancas
Isqueiro ou fósforos
Vela votiva ou grossa roxa ou branca
Caneta e papel

1. Purifique o seu altar.
2. Ponha as velas nas pontas de um pentagrama invisível no altar. Acenda-as.
3. Ponha a vela votiva no centro do pentagrama invisível. (Você vai acender essa vela no passo 5.)
4. Feche os olhos e medite por 5 minutos sobre o seu propósito.
5. Quando estiver pronta, acenda a vela do meio.
6. Concentre-se na chama. Pense em suas ambições e seus sonhos.
7. Permita que a vela revele mensagens e visões e faça anotações se quiser.

Sigilo do sucesso

Atraia sucesso para sua vida com um sigilo do sucesso. Fabricar sigilos permite criar uma representação simbólica do seu propósito. Eles são uma forma de acessar o que existe dentro de você para criar algo mágico que é só seu, de mais ninguém.

QUANDO FAZER:
Domingo ou durante a lua crescente

QUANTO TEMPO LEVA:
15 minutos

ONDE FAZER:
Altar e ao ar livre

INGREDIENTES E INSTRUMENTOS:
Caneta de tinta laranja
2 folhas de papel

1. Purifique o seu altar.
2. Escreva a frase afirmativa que quiser, por exemplo: *Eu sou segura, poderosa e bem-sucedida.*
3. Condense a frase removendo as consoantes repetidas e as vogais. Se usar a frase acima, vão sobrar as letras "sgrpdbmc".
4. Desconstrua as letras que sobrarem em elementos básicos, como curvas, pontos, traços e linhas. Copie esses elementos abaixo da afirmação abreviada no mesmo papel.
5. Ainda na mesma folha, combine os elementos para criar o contorno de uma forma única. Pode ser um quadrado, um coração, uma cruz ou um triângulo. Disponha quaisquer círculos, arcos e traços que sobrarem rente ao contorno ou em volta do desenho. Essa forma será seu sigilo do sucesso.
6. Copie o sigilo do sucesso, agora codificado com o seu propósito, na segunda folha de papel. Carregue-a sempre consigo.

Feitiço da sorte

Com este feitiço você pode atrair mais sorte para sua vida com o simples ato de oferecer uma moeda para o mundo. Deixar uma moeda para um desconhecido é uma ótima forma de melhorar não só sua sorte, mas também o seu carma.

QUANDO FAZER:
A qualquer momento

QUANTO TEMPO LEVA:
10 minutos

ONDE FAZER:
Ao ar livre

INGREDIENTES E INSTRUMENTOS:
Moeda
Cristal de quartzo transparente (opcional)

1. Concentre-se na sua respiração e encontre o seu centro. Se precisar de uma dose a mais de energia, use um cristal de quartzo transparente.
2. Segure a moeda com uma das mãos para imbuí-la do seu propósito.
3. Feche os olhos e diga:
   Ofereço esta moeda ao mundo.
   Moedinha, traga-me sorte e fortuna
   multiplicadas por três.
   Com esta oferenda compartilho
   o carma bom com os desconhecidos.
4. Ponha a moeda com o lado da cara para cima num lugar onde ninguém possa ver e permita que a sorte a encontre.

Chá de hortelã da abundância

Convide a abundância para sua vida com este chá simples de fazer, mas poderoso. A hortelã é conhecida por suas associações com abundância, prosperidade, cura, sorte e força. Essa infusão pode ser ingerida ou usada no **feitiço com raiz da abundância** (página 219).

QUANDO FAZER:
Durante a lua crescente

QUANTO TEMPO LEVA:
15 minutos

ONDE FAZER:
Cozinha

INGREDIENTES E INSTRUMENTOS:
Panela média
4 xícaras de água
1/2 xícara de hortelã fresca ou 1/4 de xícara de hortelã seca
Pano de musselina ou coador
Xícara para beber ou garrafa

1. Purifique a cozinha.
2. Coloque a água na panela e leve ao fogo até ferver, para retirar as impurezas.
3. Tire a panela do fogo.
4. Salpique a hortelã na água e diga:
   Com esta erva instilo
   abundância e boa vontade.
5. Medite sobre o seu propósito por 10 minutos enquanto o chá repousa e esfria.
6. Coe o chá em uma xícara e beba, ou coe-o em uma garrafa e despeje pelo terreno da sua casa. Você pode também usá-lo no **feitiço com raiz da abundância.**

Feitiço com raiz da abundância

O objetivo deste feitiço é conectar você com a energia das árvores frutíferas para celebrar sua abundância e usar sua energia. Para intensificar o feitiço, prepare uma leva de **chá de hortelã da abundância** (página 218).

QUANDO FAZER:
Durante a lua crescente

QUANTO TEMPO LEVA:
30 minutos, mais o tempo do trajeto até uma árvore frutífera

ONDE FAZER:
Ao ar livre

INGREDIENTES E INSTRUMENTOS:
Árvore frutífera
Chá de hortelã da abundância ou 1/4 de xícara de hortelã seca

1. Encontre uma árvore frutífera no terreno da sua casa, ou em um lugar próximo que seja seguro e protegido.
2. Purifique o entorno acessando sua energia e empurrando-a para fora.
3. Encoste a mão na árvore e diga:
   Árvore frutífera,
   eis aqui um presente encantado
   para erguer e energizar.
4. Ande em volta da base da árvore e salpique hortelã ou despeje o **chá de hortelã da abundância** nas raízes da árvore. Diga:
   Compartilhe comigo a abundância multiplicada por três.
5. Feche os olhos e visualize sua conexão com a árvore.

Óleo do bem-estar

Neste feitiço, você vai misturar, energizar e abençoar este óleo mágico para unção. Use-o em objetos, feitiços de bem-estar ou nos seus pontos de pulsação como um modo de amplificar suas intenções e atrair positividade para sua vida. Se for aplicar na pele, lembre-se de fazer um teste antes.

QUANDO FAZER:
Durante a lua nova ou cheia

QUANTO TEMPO LEVA:
20 minutos

ONDE FAZER:
Altar ou cozinha

INGREDIENTES E INSTRUMENTOS:
Frasco de vidro escuro pequeno com roll-on ou conta-gotas
1 colher de sopa de óleo carreador, como óleo de jojoba ou de amêndoas
2 gotas de óleo essencial de patchuli
2 gotas de óleo essencial de lavanda
2 gotas de óleo essencial de ylang-ylang
1 colher de chá de camomila seca

1. Purifique o seu altar.
2. Despeje o óleo carreador no frasco de vidro.
3. Em seguida acrescente os óleos essenciais de patchuli, lavanda e ylang-ylang enquanto se concentra no seu propósito.
4. Acrescente a camomila para preencher qualquer espaço vazio.
5. Segure o frasco nas duas mãos e visualize a energia envolvendo-o. Energize-o com o seu propósito. Diga:
   Com este óleo que preparo e abençoo,
   que possam vir bem-estar e gratidão.
6. Use-o sempre que precisar viver no momento presente e atrair positividade.

Feitiço trançado do sucesso

Trance sucesso em sua vida com o auxílio da magia dos nós e de sowilo, a runa do sucesso. Usar sowilo em seus feitiços pode ajudar você a encontrar orientação, dominar a arte de fixar objetivos e alcançar a plenitude. Neste feitiço você vai trançar suas intenções entre si para criar mudanças positivas em sua vida.

ONDE FAZER:
Domingo ou durante a lua cheia

QUANTO TEMPO LEVA:
30 minutos

ONDE FAZER:
Altar

INGREDIENTES E INSTRUMENTOS:
Faca
Vela grossa laranja, dourada ou prateada
Isqueiro ou fósforos
3 pedaços (45 cm) de barbante ou lã laranja

1. Purifique o seu altar.
2. Use uma faca para gravar a runa sowilo na sua vela.

3. Acenda a vela, afirme o seu propósito e eleve a energia.
4. Junte os três barbantes amarrando-os em uma das pontas com um nó simples. Enquanto estiver fazendo isso, pense em atrair sucesso em todas as áreas da sua vida.
5. Comece a trançar os três barbantes e diga:
   Fio dos objetivos, teça,
   fio da plenitude, conecte,
   fio das realizações, una,
   trança do sucesso, entrelace.
6. Finalize a trança com um nó. Medite por 10 minutos e concentre-se no que você criou, permitindo-se sentir o poder da sua criação.
7. Quando terminar de meditar, apague a vela.
8. Pendure a trança onde quiser atrair mais sucesso para sua vida.

Feitiço de oferenda do sucesso

Este feitiço com oferenda utiliza as energias do sol do meio-dia e da terra. A oferenda usa ingredientes que atraem sucesso, como pau de canela, gengibre fresco, erva-cidreira, bergamota e o seu **sigilo do sucesso** (página 216).

QUANDO FAZER:
Ao meio-dia durante a lua nova ou crescente

QUANTO TEMPO LEVA:
25 minutos

ONDE FAZER:
Altar e ao ar livre

INGREDIENTES E INSTRUMENTOS:
Isqueiro ou fósforos
Vela votiva laranja
Caneta de tinta laranja
Sigilo do sucesso
Folha de papel
1 pau de canela
Pedaço de gengibre fresco com 10 cm
Ramo de erva-cidreira fresca
Barbante ou lã laranja
3 gotas de óleo essencial de bergamota

1. Purifique o seu altar.
2. Acenda a vela laranja para atrair o sucesso.
3. Desenhe o seu sigilo do sucesso na folha de papel com a caneta laranja. Ele vai abrigar sua oferenda.
4. Ponha sobre o papel o pau de canela, o gengibre e o ramo de erva-cidreira.
5. Concentre-se no seu propósito e dobre sua oferenda de papel. Dê um nó em volta dela com barbante laranja para criar uma trouxa.
6. Pingue o óleo essencial de bergamota no nó.
7. Medite sobre o seu propósito por 5 minutos.
8. Apague a vela.
9. Saia de casa e encontre um local virado para o norte para enterrar a trouxa que você fabricou no passo 5.

10. Cave um buraco raso com as mãos e ponha a trouxa dentro. Diga:
Sob o brilho potente do sol,
faço esta oferenda à terra
em troca do sucesso que ela dá.

11. Tape o buraco, ponha a mão na terra e medite por 5 minutos.

12. Sinta a energia do sol e da terra se combinando para lhe trazer sucesso.

13. Agradeça ao sol e à terra pela energia antes de ir embora.

Feitiço do plantio da felicidade

A felicidade muitas vezes está quase ao nosso alcance, mas não totalmente. Prepare este feitiço para irradiar uma felicidade que deixará você brilhando e se sentindo em sincronia com o momento presente. Nesta receita você vai plantar uma árvore ou arbusto, o que lhe permitirá encontrar felicidade na natureza.

QUANDO FAZER:
Quarta-feira ou domingo

QUANTO TEMPO LEVA:
45 minutos

ONDE FAZER:
Ao ar livre

INGREDIENTES E INSTRUMENTOS:
Bruma protetora (página 193; opcional)
Pá
Planta ou árvore
5 cristais de quartzo transparente
Luvas de jardinagem (opcional)
Água (suficiente para regar a planta; como a quantidade varia dependendo da planta, é preciso pesquisar!)
Pitada de sal

1. Use sua intuição para escolher um espaço ao ar livre (por exemplo, algum lugar no seu jardim) para sua planta ou árvore da felicidade.
2. Purifique a área escolhida. Se quiser, borrife-a com a **bruma protetora.**
3. Use a ponta da pá para gravar na terra o formato de um pentagrama que contenha você e a sua planta.
4. Ponha os cristais de quartzo transparentes nas pontas do pentagrama.
5. Comece a cavar um buraco no chão. Se quiser, use luvas de jardinagem.
6. Ponha sua planta ou árvore no buraco. Preencha o espaço que sobrar com terra para estabilizar a planta.

7. Passe 10 minutos meditando em silêncio junto à planta, expandindo sua consciência para se conectar com a energia dela. Enquanto medita, diga:
   Planta da felicidade,
   preencha minha vida,
   acenda meu coração
   e eleve meu espírito.

8. Regue sua planta e salpique o sal como uma oferenda ao espaço em volta.

9. Cuide da sua planta semanalmente, repetindo sua meditação e seu cântico.

Cookies de runas do sucesso

Incremente sua culinária com estes deliciosos cookies encantados! Esta receita foi feita para ajudar a elevar sua energia a fim de alcançar seus objetivos. Os cookies são decorados com sowilo, a runa do sucesso, de modo a promover sucesso, plenitude e realização.

QUANDO FAZER:
Domingo ou durante a lua nova

QUANTO TEMPO LEVA:
30 minutos

ONDE FAZER:
Cozinha

INGREDIENTES:
- 2 3/4 xícaras de farinha de trigo
- 1 colher de chá de bicarbonato de sódio
- 1/2 colher de chá de fermento em pó
- 1 xícara de manteiga em temperatura ambiente
- 1 1/2 xícara de açúcar
- 1 ovo
- 1 colher de chá de extrato de baunilha

1. Purifique a cozinha.
2. Preaqueça o forno a 190º C.
3. Em uma tigela pequena, misture a farinha, o bicarbonato e o fermento. Reserve.

4. Em uma tigela grande, bata a manteiga com o açúcar até ficar liso. Junte o ovo e o extrato de baunilha.
5. Despeje os ingredientes secos nos líquidos e misture até formar uma massa.
6. Enrole a massa em bolas de 7 cm e achate-as sobre um tabuleiro.
7. Com uma faca, desenhe a runa sowilo em cada cookie enquanto se concentra no seu propósito.
8. Asse por 8 a 10 minutos, ou até os cookies dourarem.
9. Deixe que descansem por 2 minutos, então transfira-os para esfriar sobre uma grade.
10. Coma os cookies para se conectar e internalizar a energia de sowilo.

Feitiço do cobertor da segurança

Neste feitiço você vai encantar um cobertor comum para lhe conferir os atributos de conforto e segurança e imbuí-lo de um sigilo codificado. Guarde-o para si, ou então dê de presente a algum bebê. É uma boa ideia purificar o cobertor antes de usá-lo no feitiço, de modo que não reste nenhuma energia antiga ou estagnada.

QUANDO FAZER:
Sábado, domingo ou durante a lua cheia

QUANTO TEMPO LEVA:
30 minutos

ONDE FAZER:
Altar

INGREDIENTES E INSTRUMENTOS:
Cobertor
Isqueiro ou fósforos
Vela roxa
Marcador permanente
Sigilo de segurança

1. Purifique o seu altar.
2. Purifique o cobertor.
3. Acenda a vela e concentre-se no seu propósito de materializar conforto, segurança e estabilidade.
4. Abrace o cobertor e diga:
   Assim como a terra, resistente e forte,
   este cobertor abençoo para proteger e durar.
   Assim como o fogo, que aquece e ilumina,
   este cobertor abençoo para toda noite reconfortar.
   Assim como a água, curativa e pura,
   este cobertor abençoo para guardar e proteger.
   Assim como o ar, sempre inspirador,
   este cobertor abençoo para de encontro aos desejos se elevar.
5. Medite por 5 minutos sobre seu propósito para energizar o cobertor.
6. Crie um sigilo de segurança. Siga as instruções para o **sigilo de proteção** (página 187), substituindo a palavra *proteger* por *segurança*. Desenhe seu sigilo de segurança na etiqueta do cobertor.

Escada da bruxa do sucesso e da abundância

Inspire sucesso e abundância com uma escada de bruxa em tamanho natural. A escada da bruxa vem da magia folclórica e usa o poder dos nós. Seu melhor uso é como complemento de meditações e rituais relacionados a sucesso e abundância.

QUANDO FAZER:
Sábado, domingo ou durante a lua cheia

QUANTO TEMPO LEVA:
45 minutos

ONDE FAZER:
Altar

INGREDIENTES E INSTRUMENTOS:
3 velas nas cores laranja, branco e azul
Isqueiro ou fósforos
3 novelos de lã nas cores laranja, branco e azul
Tesoura
9 enfeites de sua escolha (por exemplo, miçangas, penas ou sininhos)

1. Purifique o seu altar.
2. Disponha as velas em uma configuração triangular e acenda-as.
3. Corte de cada novelo um pedaço de barbante com o mesmo comprimento do seu corpo.
4. Una os três pedaços de barbante numa das pontas com um nó simples.
5. Escolha nove pontos regularmente espaçados nos quais vai amarrar seus enfeites conforme trança os barbantes.
6. Comece a trançá-los. No início de cada nova seção, prenda um dos seus nove enfeites com um nó.
7. Conforme for dando cada nó, fique livre para entoar o encantamento tradicional da escada da bruxa:
   Pelo nó primeiro, o feitiço é certeiro.
   Pelo nó segundo, meu pedido ganha o mundo.
   Pelo terceiro nó na linha, que seja feita a vontade minha.
   Pelo nó quarto, o poder eu guardo.

Pelo nó quinto, eu conduzo e sinto.
Pelo nó sexto, a magia eu teço.
Pelo sétimo nó da linha, o futuro se encaminha.
Pelo nó oitavo, o destino destravo.
Pelo nono, o medo abandono.

8. Ao terminar de trançar, finalize com um nó na ponta. Encontre um lugar seguro para pendurar sua escada da bruxa, como um armário na sua casa.

Referências

Witchology Magazine (Revista de bruxologia)
Minha revista mensal sobre bruxaria e magia modernas. Um recurso valioso, escrito por uma equipe de redatores experientes que compartilham os próprios caminhos com os leitores.

The Complete Book of Incense, Oil and Brews (Livro completo dos incensos, óleos e poções), de Scott Cunningham
Este é um dos meus preferidos. Depois de aprender o básico sobre como ervas, especiarias e plantas podem ser usadas na sua prática, o livro levará sua arte um passo adiante e ajudará a criar misturas exclusivas de incenso, óleos mágicos, poções e outros preparados úteis.

Coloring Book of Shadows (Livro das sombras de colorir), de Amy Cesari
Ser uma bruxa novata pode ser um desafio e tanto, mas não com este livro. Você pode ir colorindo conforme aprende sobre cristais, ervas e outro elementos naturais. Adapte-o ao seu caminho e preencha-o com seus primeiros feitiços.

EDIÇÕES BRASILEIRAS

Almanaque Wicca: Guia de magia e espiritualidade
Este livro tem edições anuais e é ótimo para acompanhar a Roda do Ano e os movimentos astrológicos. Mesmo que você não seja wiccana, serve como uma agenda mágica para todo tipo de bruxa!

Bruxa natural, de Arin Murphy-Hiscock
Traz informações essenciais sobre ervas, plantas, árvores, cristais e outras magias. Para novatas ou não, este livro reúne receitas, exercícios, sugestões de rituais e orientações para fazer poções e misturas.

Enciclopédia Cunningham de magia com cristais, gemas e metais, de Scott Cunningham
Trabalhar com os elementos naturais da terra é uma parte fundamental da prática de qualquer bruxa. Este livro lista mais de cem pedras

preciosas e metais e vai ajudar a escolher qual deles se encaixa melhor no seu feitiço.

Enciclopédia das ervas mágicas do Cunningham, de Scott Cunningham
Item obrigatório para qualquer bruxa iniciante. Inclui propriedades, história e usos de mais de quatrocentas ervas. Use esta enciclopédia sempre que precisar incorporar ervas aos seus feitiços e fazer substituições.

O livro completo de bruxaria de Raymond Buckland: Tradição, rituais, crenças, história e prática, de Raymond Buckland
Um clássico completo sobre bruxaria, uma ótima obra se você está começando e quer um panorama geral. Da história da bruxaria até sugestões de rituais, escolha de um nome mágico, oráculos, ferramentas etc.

O livro mágico para jovens bruxas, de Ariel Kusby
Guia fácil de feitiços, poções e atividades como aprender a confeccionar uma varinha, fazer amizade com as fadas e ler folhas de chá. Para crianças e adultas!

Magia de sigilos, de Laura Tempest Zakroff
Dica de livro para quem quer se aprofundar na arte dos sigilos. Nele, há instruções de como fazer os próprios sigilos usando formas, símbolos, números, letras e cores.

Técnicas de magia natural: O poder da terra, de Scott Cunningham
Trabalhar com os elementos naturais da terra é uma parte fundamental da nossa arte. Este livro tem muitos rituais e feitiços maravilhosos para uma bruxa natural.

Wicca: Guia do praticante solitário, de Scott Cunningham
Mesmo que a wicca não seja bem o seu caminho, este é um ótimo título para você ter em sua estante de bruxa. São dicas úteis de rituais e soluções para quem pratica sozinha.

Agradecimentos

Obrigada à minha incrível equipe de apoio, que me ajudou a escrever este livro. Ao meu companheiro maravilhoso, Leon, muito obrigada pelo seu incentivo durante o processo. Para a minha encantadora companheira animal, Nala, que passou todos os dias sentada comigo enquanto eu escrevia. À minha sensacional irmã, Sylvia, que sempre me incentiva a fazer o meu melhor. À equipe da *Witchology*, por criar conteúdos incríveis para a revista enquanto estive ausente escrevendo este livro. A Claire Yen, minha editora luxuosa, por ter contribuído com sua magia e ajudado as palavras deste livro a ganhar vida.

Índice remissivo

Abundância, feitiços relacionados a. *Ver* Dinheiro e prosperidade, feitiços relacionados a; Bem-estar, sucesso e abundância, feitiços relacionados a.
aceitação, Talismã da, 149
Água
- energizar, 46

Altar
- como criar, 27-8
- purificação do, 46
- tigela de, 36

ambição interior, Perscrutação para a, 215
Ambiente, 20
Amigos e família, feitiços relacionados a, 133
- Banquete do vínculo da bênção, 145
- Feitiço com espelho contra negatividade, 138
- Feitiço com pedra de palma do respeito, 142
- Feitiço da compreensão, 139
- Feitiço da torre da confiança, 147
- Feitiço de amizade da lua nova, 143
- Feitiço para deter más intenções, 140
- Feitiço para dispersar bate-bocas, 137
- Feitiço para encontrar um objeto perdido, 156
- Feitiço para fortalecer amizades, 141
- Feitiço para resolver uma desavença, 154
- Feitiço trançado da união, 152
- Óleo para atrair simpatia, 146
- Purificação da casa nova, 134
- Sachê dos bons sonhos, 136
- Talismã da aceitação, 149
- Talismã para atrair novos amigos, 150

amigos, Talismã para atrair novos, 150
amizade, Feitiço de, da lua nova, 143
amizades, Feitiço para fortalecer, 141
amor, feitiços relacionados ao
- Amuleto contra atenção indesejada, 71
- Banho do autoamor, 53
- Bonecos de relacionamento, 77
- Encantamento de fidelidade para alianças, 59
- Feitiço com espelho contra ciúme, 80
- Feitiço com vela de sete dias para o amor, 69-70
- Feitiço da bruma de pétalas de rosa, 65
- Feitiço de nó para restaurar o amor, 56
- Feitiço para esquecer um amor, 54
- Feitiço para queimar uma dor de amor, 57
- Feitiço trançado da harmonia, 68
- Garrafa encantada para atrair romance, 75
- Incenso do desejo, 66
- Mandala de cristais para o amor, 73
- Óleo Vem-para-mim, 60
- Perscrutação para o amor, 79
- Poção de citrino para visualização, 61
- Poção de rosas para atração, 52
- Runa atada dos amantes, 62
- Sachê dos namorados, 63
- Sigilo de amor pessoal, 55
- Talismã para curar um coração partido, 58
- Tônico dos amantes, 67

amor romântico, feitiços relacionados ao. *Ver* Amor, feitiços relacionados ao
amor, Feitiço com vela de sete dias para o, 69-70
amor, Feitiço de nó para restaurar o, 56
amor, Feitiço para esquecer um, 54
amor, Mandala de cristais para o, 73-4
amor, Sigilo de, pessoal, 55
ansiedade, Feitiço de aterramento contra a, 169
antiprocrastinação, Óleo, 120
Athame, 39
atenção indesejada, Amuleto contra, 71
atração, Poção de rosas para, 52
autoamor, Banho do, 53

autoconfiança, Sachê encantado da, 110
autoestima, Talismã da, 213

bate-bocas, Feitiço para dispersar, 137
Beltane, 21, 30, 31
Bem-estar, sucesso e abundância, feitiços relacionados a, 207
  Bálsamo da abundância, 212
  Chá de hortelã da abundância, 218
  Cookies de runas do sucesso, 226
  Escada da bruxa do sucesso e da abundância, 228
  Feitiço com raiz da abundância, 219
  Feitiço da sorte, 217
  Feitiço de bem-estar com espelho, 209
  Feitiço de conforto corporal, 214
  Feitiço de oferenda do sucesso, 222
  Feitiço do chá da clareza, 208
  Feitiço do cobertor da segurança, 227
  Feitiço do plantio da felicidade, 224
  Feitiço trançado do sucesso, 221
  Incenso da positividade, 210
  Óleo do bem-estar, 220
  Perscrutação para a ambição interior, 215
  Sigilo do sucesso, 216
  Talismã da autoestima, 213
boa impressão, Amuleto da, 126
Boneco, 38
bons sonhos, Sachê dos, 136
Bruma protetora, 193
Bruxa eclética, 18
Bruxa elemental, 17
bruxa guerreira, Óleo de unção da, 195
Bruxaria
  princípios fundamentais da, 20-1
bruxas
  "brancas", uso da expressão, 23
  origem da palavra, 19
  perseguição das, 19-20
  tipos de, 17-8
Bruxas da cozinha, 17
Bruxas da lareira ou de chalé, 17
Bruxas do mar, 17
Bruxas *hedge*, 18
Bruxas seculares, 18
Bruxas tradicionais, 18
Bruxas verdes, 17

caminho, Feitiço para abrir, 128
Carma, 44
Carreira, feitiços relacionados a. *Ver* Trabalho e carreira, feitiços relacionados a
carro, Proteção e bênção para o, 200
casa nova, Purificação da, 134
Casa, feitiços relacionados a
  Lavagem protetora para a casa, 184
  Purificação da casa nova, 134
Celebrações intermediárias, 30
chama, Feitiço restaurador da, 164
ciúme, Feitiço com espelho contra, 80
Círculos, 30, 42
clareza, Feitiço do chá da, 208
Clarividência, 22
compreensão, Feitiço da, 139
comunicação entre colegas de trabalho, Feitiço para, 116
concórdia, Pó da, 111
confiança, Feitiço da torre da, 147
conforto corporal, Feitiço de, 214
coração partido, Talismã para curar um, 58
Cores, 43-4
Coven, 29, 30
Cristais, 37, 41
  Citrino, 61, 91, 101, 103, 169, 171
  Cornalina, 103, 141, 150
  energizar ou reenergizar, 28
  Esmeralda, 75, 190
  Granada, 75, 110, 115, 136
  Heliotrópio (pedra do sangue), 170
  Hematita, 110, 188, 196, 202
  Lápis-lazúli, 141, 142
  Obsidiana, 196
  Pedra do sol, 162
  Peridoto, 171
  Pirita, 101, 103
  Quartzo fumê, 71, 194, 196, 200
  Quartzo rosa, 53, 73, 75, 177
  Quartzo transparente, 37, 73, 75, 101, 103, 142, , 156, 171, 177, 180, 217, 224
  Rubi, 63

Selenita, 128, 177
Topázio rosa, 63
Turquesa, 139, 171, 200
cura sob medida, Sigilo de, 179

defesa, Enfeite de parede para, 204
desavença, Feitiço para resolver uma, 154
desejo, Incenso do, 66
Despensa de bruxa, 40
dificuldades, Feitiço para afastar, 90
Dinheiro e prosperidade, feitiços relacionados a, 83
Água de lua da renda, 91
Água purificadora para dívidas, 96
Arroz de materialização da riqueza, 92
Banho ritual do dinheiro com leite e mel, 94
Enfeite de parede da prosperidade, 97
Feitiço com vela de nove dias para dinheiro, 106
Feitiço de materialização do chá do luxo, 93
Feitiço do envelope de dinheiro, 99
Feitiço para afastar dificuldades, 90
Feitiço para cultivar a riqueza, 87
Garrafa encantada do dinheiro, 101
Maçã encantada da fortuna, 95
Mandala de cristais para materializar dinheiro, 103
Nó encantado do dinheiro, 88
Óleo Cresce-dinheiro, 86
Pó do dinheiro, 84
Sabonete de aveia da prosperidade, 104
Sigilo da riqueza, 85
Talismã da prosperidade, 89
dinheiro, Banho ritual do, com leite e mel, 94
dinheiro, Feitiço com vela de nove dias para, 106
dinheiro, Mandala de cristais para materializar, 103
distância, Feitiço de cura à, 177-8
dívidas, Água purificadora para, 96
dor, Mandala de cristais para curar a, 171-2
dor de amor, Feitiço para queimar uma, 57
Empatas, 23
Emprego, feitiços relacionados a. *Ver* Trabalho e carreira, feitiços relacionados a
energizante, Feitiço, 117
Energizar e reenergizar objetos, 46-7
Energia
carregar e recarregar objetos com, 28
purificar seu altar ou área de prática, 46
Equinócio, 30, 31, 32, 59
Ervas, 40, 41
pilão para, 36
escudo, Como fortalecer o seu, 197
Especiarias, 40, 41
Espíritos, 45
Estações do ano, 27, 30
Ética, 23, 133
eucalipto, Óleo expectorante de, 168

Família, feitiços relacionados a. *Ver* Amigos e parentes, feitiços relacionados a
Fases da lua, 42
Feitiços
instruções frequentes nos, 46
como fazer, 26
origem da palavra, 19
bruxaria, wicca e, 19
ver também Amigos e parentes, feitiços relacionados a; Saúde e cura, feitiços relacionados a; Amor, feitiços relacionados ao; Dinheiro e prosperidade, feitiços relacionados a; Proteção e perdão, feitiços relacionados a; Trabalho e carreira, feitiços relacionados a
Feitiços, prática de preparar, 15
como purificar a área dos
diferença entre comunitários e solitários, 17-19
forças motrizes dos, 22
história dos, 19-20
onde praticar, 26-7
felicidade, Feitiço do plantio da, 224
ferro, Feitiço de proteção do, 188
Fertilidade, 20-1
Festivais. *Ver* Festivais pagãos; sabás

Festivais do sol, 30
Festivais pagãos
Beltane, 30, 31
Imbolc, 30, 31
Litha, 30, 32
Lughnasadh, 30, 32
Mabon, 30, 32
Ostara, 30, 31
Samhain, 30, 31
Yule, 30, 31
fidelidade, Encantamento de, para alianças, 59
Flores, 40, 41
fortuna, Maçã encantada da, 95

Garrafa encantada da motivação, 130
Grimório, 36

harmonia, Feitiço trançado da, 68

Imbolc, 21, 30, 31
Incenso, 37
Ingredientes
Açúcar, 67, 143, 226
Algodão, 77, 80, 114, 122, 154, 173
Anis-estrelado, 67
Argila verde, 104
Arroz branco, 92
Artemísia, 61, 200, 208
Aveia, 104
Azeite, 54, 69, 106, 113, 120, 143, 149, 162, 214
Baunilha, extrato de, 226
Bicarbonato de sódio, 191, 226
Calêndula, 173
Camomila, 61, 84, 88, 101, 122, 136, 165, 208, 210, 220
Canela em lascas, 86
Canela em pau, 63, 67, 222
Canela em pó, 52, 84, 92, 95, 117, 130, 138, 188, 200, 202, 208
Capim-limão, 61
Cardamomo, 66
Cedro, 136
Cera de abelha, 212
Cominho, 185, 186, 202
Confrei, 190
Conhaque, 67
Cravo, 54, 84, 88, 154, 185
Damiana seca, 66
Erva-cidreira, 57, 66, 69, 126, 173, 222
Erva-de-são-joão, 111, 140
Erva-dos-gatos, 136, 154
Farinha de trigo, 226
Fermento em pó, 226
Flores de milefólio secas, 110, 113
Gengibre, 80, 95, 101, 117, 130, 222
Hibisco, flores de
Hortelã, 106,
Jasmim
Junípero, 200
Laranja, 60, 67, 75, 121, 126
Lavanda, 52, 63, 111, 114, 126, 136, 141, 143, 154, 208, 210, 214
Leite, 94, 104
Louro, 80, 86, 88, 188
Maçã verde, 95
Manjericão, 59, 75, 88, 97, 101, 106, 185
Manteiga de cacau, 167
Manteiga de karité, 167
Manteiga, 226
Mel, 67, 94, 104, 154
Melado, 67, 124
Morangos secos, 63
Morugem, 63
Noz-moscada, 67, 95, 130
Óleo de amêndoas, 113, 120, 195, 212, 214
Óleo de coco, 167, 168, 212
Óleo de jojoba, 146, 220
Óleo de vitamina E, 212
Ovo, 226
Peônias, 142
Pimenta-malagueta, 130
Pimenta-da-jamaica, 95
Pimenta-de-caiena, 58, 138, 165, 200
Pimenta-do-reino, 71, 80, 121, 138, 173, 185, 202
Raiz de alcaçuz seca, 59
Raiz de íris em pó, 95
Rosa, pétalas de, 52, 61, 63, 66, 75, 77, 126, 142, 146, 180
Sais de magnésio, 53, 128, 163, 189
Sal marinho, 57, 71, 80, 111, 130, 138, 185, 191, 202

Salgueiro, casca de, 77
Salsinha seca, 84
Sálvia, 130, 164, 210
Tomilho, 97, 110, 113, 149, 210
Ulmária, 111
Urtiga, 170
Valeriana, 208
Verbena, 69, 122, 170
Vinho tinto, 67
Instrumentos e roupas, como purificar, 35
Intenções
Feitiço para deter más intenções, 140
carma e, 21, 23, 44
Intuição, 21, 22

Lei do carma e Lei Tríplice, 23
limites, Sal de proteção dos, 185
Litha, 30, 32
Livre-arbítrio, 16, 23, 44, 45, 133
Livro das sombras, 36
Lua, 27, 32
Lua cheia, 28, 30, 33
energizar objetos com a luz da
em cada mês, 33-4
Lughnasadh, 30, 32
luxo, Feitiço de materialização do chá do, 93

Mabon, 30, 32
Magia
"boa" *versus* "má", 23
poder *versus*, 22
más intenções, Feitiço para deter, 140
Materiais
Barbante, 37, 56, 63, 68, 88, 97, 110, 122, 136, 141, 144, 150, 152, 154, 156, 165, 200, 204, 221, 222
Espelho, 71, 80, 116, 138, 175, 209, 214
Fibra de poliéster, 77, 80, 114, 122, 154, 173
Frasco com borrifador, 65, 191
Frasco com roll-on, 60, 86, 113, 120, 146, 195, 220
Marcador permanente, 121, 138, 162, 164, 179, 187, 211, 227
Miçangas, 68, 97, 152, 228
Moedas, 91
Pregos, 188, 202, 204
Tarô, 129, 198
Tecido, 77, 114, 122, 136, 154, 165, 173, 180, 200
Tesoura, 77, 80, 97, 117, 122, 144, 150, 154, 173, 204, 228
Mediunidade, 22
memória, Feitiço para a, 119
Músicas e cânticos, 44

namorados, Sachê dos, 63
Natureza
negatividade, Feitiço com espelho contra, 138
Nós, 42, 43

objeto perdido, Feitiço para encontrar um, 156
Objetos e instrumentos
como purificar, 46
Óleo de unção da bruxa guerreira, 195
Óleos
como ungir objetos com, 47
carreadores, 40
essenciais, 40
Óleos carreadores, 40
Óleos essenciais, 28, 40
Abeto, 113
Alecrim, 113, 120, 175, 191, 195
Baunilha, 60
Bergamota, 86, 96, 104, 106, 184, 222
Camomila, 189
Capim-limão, 71
Cardamomo, 113
Cedro, 60, 96, 193, 195
Cravo, 54
Eucalipto, 163, 166, 168
Gardênia, 115
Gengibre, 86
Gerânio, 69, 184, 195
Grapefruit, 120
Hortelã, 116, 120, 163, 191
Jasmim, 53, 146, 189
Laranja doce, 69
Lavanda, 60, 104, 167, 191, 193, 220
Limão siciliano, 120
Patchuli, 86, 96, 220

Pinheiro, 113
Rosa, 53, 60, 65, 146
Sálvia, 69, 116, 193
Sândalo, 86, 146
Ylang-ylang, 220
oportunidade, Boneco-amuleto da, 122
Oráculos, 38
Ostara, 30, 31

Pagãos, 17, 18, 19, 20, 21, 27
Pentáculo, 42
Pentagrama, 42
perdão, Banho de chuveiro purificador do, 192
Perscrutação, 79, 112, 215
para a ambição interior, 215
para a realização, 112
para o amor, 79
pétalas de rosa, Feitiço da bruma de, 65
Pilão, 36
Poção de citrino para visualização, 61
Poder, 16
como acessar, 25
diferença entre magia e, 22
positividade, Incenso da, 210
Precognição, 22
produtividade, Feitiço para aumentar a, 124
promoção, Feitiço de sonho da, 114
prosperidade, feitiços relacionados a. *Ver* Dinheiro e prosperidade, feitiços relacionados a
proteção e perdão, feitiços relacionados a, 183
Amuleto da benção da viagem, 190
Amuleto de proteção, 186
Banho de chuveiro purificador do perdão, 192
Banho ritual do perdão, 189
Bruma protetora, 193
Como fortalecer o seu escudo, 197
Enfeite de parede para defesa, 204
Escudo de proteção psíquica, 194
Feitiço de proteção do ferro, 188
Garrafa encantada de proteção, 202
Lavagem protetora para a casa, 184
Mandala de cristais para proteção, 196
Óleo de unção da bruxa guerreira, 195
Proteção e bênção para o carro, 200
Ritual do perdão com tarô, 198
Sal de proteção dos limites, 185
Sigilo de proteção, 187
Vaporizadores de chuveiro do perdão, 191
proteção, Mandala de cristais para, 196
proteção, Sigilo de, 187
proteção psíquica, Escudo de, 194
Psicometria, 22
psíquicas, habilidades, 34, 44, 177
Purificação do seu altar ou área de prática, 46
purificação, Feitiço de luz da, 162

realização, Perscrutação para a, 112
Reencarnação, 21, 44, 45
Referências, 230
relacionamento, Bonecos de, 77
renda, Água de lua da, 91
renúncia, Óleo encantado da, 113
reset, Poção do, 170
respeito, Feitiço com pedra de palma do, 142
responsabilidade, Feitiço da, 129
riqueza, Feitiço para cultivar a, 87
Riqueza, feitiços relacionados a. *Ver* Dinheiro e prosperidade, feitiços relacionados a
riqueza, Sigilo da, 85
Roda do ano, 30
romance, Garrafa encantada para atrair, 75
Roupas, 35
Runas, 38

sabá, 21, 31, 145
Samhain, 21, 30, 31
Saúde e cura, feitiços relacionados a, 159
Água de cura da lua cheia, 161
Banho ritual de cura, 163
Bolsinha de energia curativa, 180
Feitiço com vela de sete dias para a saúde, 160
Feitiço de aterramento contra a ansiedade, 169

Feitiço de cura à distância, 177
Feitiço de cura com boneco, 173
Feitiço de cura com espelho, 175
Feitiço de luz da purificação, 162
Feitiço restaurador da chama, 164
Mandala de cristais para curar a dor, 171
Manteiga corporal da vitalidade, 167
Óleo expectorante de eucalipto, 168
Poção do *reset*, 170
Sachê para curar doenças durante o sono, 165
Sigilo de cura, 179
Talismã de cura da lua, 166
saúde, Feitiço com vela de sete dias para a, 160
Scrying, 47, 79, 112
segurança, Feitiço do cobertor da, 227
sexualidade, fertilidade e, 20
sigilo da criatividade, Feitiço com vela do, 121
Sigilos, 42, 43
Signos, 42
Símbolos, 42
simpatia, Óleo para atrair, 146
Solstícios, 30
sorte, Amuleto da, 211
Sorte, feitiços relacionados à
Amuleto da sorte, 211
Feitiço da sorte, 217
sucesso, Cookies de runas do, 226
sucesso, Feitiço trançado do, 221
sucesso, feitiços relacionados a. *Ver* Bem-estar, sucesso e abundância, feitiços relacionados a

Tarô, cartas de
Ritual do perdão com tarô, 198
Trabalho e carreira, feitiços relacionados a, 109
Amuleto da boa impressão, 126
Boneco-amuleto da oportunidade, 122
Feitiço da paz no trabalho, 115
Feitiço da responsabilidade, 129
Feitiço de sonho da promoção, 114
Feitiço energizante, 117
Feitiço para a memória, 119
Feitiço para abrir caminho, 128
Feitiço para aumentar a produtividade, 124
Feitiço para comunicação entre colegas de trabalho, 116
Garrafa encantada da motivação, 130
Óleo antiprocrastinação, 120
Óleo encantado da renúncia, 113
Óleo para atrair simpatia, 146
Perscrutação para a realização, 112
Pó da concórdia, 111
Sachê encantado da autoconfiança, 110
Triângulos elementais, 42

Unção
união, Feitiço trançado da, 152

Varinha, 39, 47
Vassoura de bruxa, 35, 38, 46
Velas, 36
Amarela, 112, 116, 130, 142, 162
Azul, 136, 154, 160, 163, 164, 166, 175, 180, 228
Branca, 58, 68, 69, 89, 94, 99, 101, 106, 136, 139, 142, 143, 166, 189, 198, 209, 214, 215, 228
Cinza, 68, 71, 115, 128
Laranja, 149, 221, 222, 228
Marrom, 156, 186, 202
Preta, 54, 58, 186, 189, 200, 202
Rosa, 53, 59, 63, 75, 142, 143, 144, 152, 214
Roxa, 79, 112, 177, 215, 227
Verde, 89, 95, 99, 101, 106
Vermelha, 63, 69, 75, 79
Vem-para-mim, Óleo, 60
viagem, Amuleto da bênção da, 190
Vida após a morte, 21, 45
vínculo da bênção, Banquete do, 145
Visualizar, 28
vitalidade, Manteiga corporal da, 167

wicca, 19, 20, 35

Sobre a autora

Ambrosia Hawthorn é uma bruxa eclética e viajante nascida na Califórnia, com origens indígenas no xamanismo yup'ik e na magia popular porto-riquenha.

Ela assina o blog sobre bruxaria Wild Goddess Magick e é editora da revista *Witchology Magazine*. Nas horas vagas, navega pelas estrelas como astróloga e conecta-se ao universo como leitora de cartas. Começou a praticar aos 13 anos, e desde então vem estudando o ofício e sua própria linhagem. Seu objetivo é fornecer material para todo tipo de bruxa, e ela usa a Roda do Ano para criar e compartilhar conteúdos novos relacionados a todo tipo de magia.